KB097663

인간으로 사는 일은 하나의 문제입니다

인간으로 사는 일은 하나의 문제입니다

정치적 동물의 길

김영민

어크로스

차
례

4부　　가장 좋은 것은 아직 오지 않았다

5부   생각의 공화국

누구에게도 인생은 쉽지 않다

당신을 위로하는 사람이라고 해서 그 위로하는 좋은 말들처럼 평탄한 인생을 살고 있다고 생각하지 마라. 그의 인생 역시 어려움과 슬픔으로 가득 차 있을 것이다. 당신의 인생보다 훨씬 더 뒤처져 있을 것이다. 그렇지 않다면 그 좋은 말들을 찾아낼 수조차 없었을 것이다.

— 라이너 마리아 릴케,《젊은 시인에게 보내는 편지》중

나는 누구에게도 삶은 쉽지 않을 거라고 생각한다. 삶이 누구에게나 같은 정도로 힘들 리는 없다. 그러나 누구에게도 삶은 쉽지 않다. 내가 듣고 보고 경험한 모든 인생들이 그랬다. 아침에 울면서 깨어났다. 세수하다 거울 속에서 늙어버린 자신을 보았다. 죽을 때까지 방 안의 먼지를 치워야만 했다. 돈을 벌러 나갔다가

돌아오지 않았다. 아이는 조산원에서 태어났다. 누군가를 미워하는데 미워하지 않으려고 애써야 했다. 자기가 될 수 없는 것이 되어야만 했다. 놀이터에서는 아이와 어른이 함께 울고 있었다. 소음에 시달리면서도 정적을 견디지 못했다.

사상가 폴 비릴리오는 비행기의 발명은 추락의 발명이며 선박의 발명은 난파의 발명이라고 말한 적이 있다. 비슷한 맥락에서 인생의 발명은 고단함의 발명이라고 말할 수 있다. 비행기나 선박의 운행에서 사고를 완전히 제거하는 것이 불가능하듯, 삶의 운행에서 고단함의 제거는 불가능하다. 따라서 삶이 고단하다는 것은 상당 부분 동어 반복이다. 산다는 것은 고단함을 집요하게 견디는 일이다.

삶이 그토록 고단한 것이니, 사람에 대한 예의는 타인의 삶이 쉬울 거라고 함부로 예단하지 않는 데 있다. 오스트리아의 문학가 라이너 마리아 릴케는 《젊은 시인에게 보내는 편지》에서 이렇게 말했다. "당신을 위로하는 사람이라고 해서 그 위로하는 좋은 말들처럼 평탄한 인생을 살고 있다고 생각하지 마라. 그의 인생 역시 어려움과 슬픔으로 가득 차 있을 것이다. 당신의 인생보다 훨씬 더 뒤처져 있을 것이다. 그렇지 않다면 그 좋은 말들을 찾아낼 수조차 없었을 것이다." 그렇다. 누군가 고단한 당신을 위로하고자 나직하게 노래한다고 해서 그의 인생이 노랫말처럼 곱게 흘러갔다는 뜻은 아니다. 그 역시 쉽지 않은 삶을 살았기에 그 노랫말을 찾아낼 수 있었던 것이다.

삶이 쉽지 않은 것은 이러지도 저러지도 못하는 게 인생이기 때문이다. 일본의 작가 기리노 나쓰오는 이렇게 말했다. "오늘보다 좋은 내일, 내일보다 좋은 모레, 매일매일 행복한 나. 제멋대로 미래를 꿈꾸는 것도 미망에 홀리는 것이다. 이것이 정도를 넘으면 죄를 짓게 될 수도 있다. 하지만 꿈이 결락되어 있는 인간은 무력한 사람이 된다. 인생은 얼마나 어려운 것인가." 삶을 사랑한 나머지 지나치게 행복을 꿈꾸어도 죄를 짓게 되고, 아예 꿈을 꾸지 않아도 무력해진다. 자기 아닌 것을 너무 갈망하다 보면 자기가 소진되고, 아무것도 바라지 않으면 자신이 왜소해진다. 그래서 인간은 가끔은 탁월한 무언가가 되고 싶기도 하다가 또 어떨 땐 정녕 아무것도 되고 싶지 않기도 하다.

삶이 쉽지 않은 또 다른 이유는 타인과 더불어 살아야 하는 게 인생이라는 데 있다. 타인과 함께하지 않고는 의식주 어느 것도 제대로 해결할 수 없다. 이 사회에서 책임 있는 인간으로 산다는 것은 가능한 한 무임승차자가 되지 않으면서 자신의 생존을 도모해낸다는 뜻이다. 인간은 타인과 함께하지 않고는 도저히 살아남을 수 없는 존재, 혹은 타인과 더불어 살 때에야 비로소 자신의 잠재력을 실현할 수 있는 존재다. 즉 인간은 정치적 동물이다. 그러나 타인과 함께하는 일이 어디 쉬운가. 에세이스트 스가 아쓰코는 "우리는 혼자 있을 수 없었기에 벌을 받는 것이다"라고 말한 적이 있다. 실로 정치의 세계는 권력의 희비극으로 얼룩진다. "재주 있는 사람은 부림을 당하고, 미련한 사람은 욕을 당하며, 강직한 사람은 월형(刖刑: 발꿈치를 베는 형벌)을 당하고, 성인은 해침을 당한다."(홍양호洪良浩,〈형해形解〉) 그래서 사람들은 아무것도 되고 싶지 않아서, 혹은 무엇인가 되어보려다 죄를 짓고 싶지 않아서 어디론가 은거한다. 마치 "바다에 들어가는 진흙소"처럼 사라지고 싶어 한다.

그러나 이따금 기적이 일어난다. 삶의 고단함과 허망함을 자각하고 있음에도 불구하고 끝내 살아가고자 하는 사람들이 나타난다. 정치의 잔혹함과 비루함을 통절히 깨닫고 있음에도 불구하고 정치에 참여하려는 사람들이 나타난다. 그들은 마치 결별을 선언해야 마땅한 상대와 재결합을 시도하는 사람들처럼 무모해 보인다. 그러나 정치적 동물로서 인간의 영광은 바로 끝내 이 세계에서 살아가고자 결심한 그들의 마음에 있다.

미국의 철학자이자 예술 비평가 스탠리 카벨은 별생각 없이 그냥 결혼해서 무난한 듯 사는 일보다 (적절한 이유가 있다면) 이혼의 위기를 극복하고 헤어졌던 상대와 다시 재혼하는 일이야말로 의미심장한 결합이라고 주장한 적이 있다. 그 결합은 별 고민 없이 진행된 첫 번째 결혼과는 차원이 다르다. 그들은 이미 상대의 한계와 결점을 잘 알고 있다. 그럼에도 불구하고 다시 결합하기로 감히 결심한 것이다. 상대에 대한 오해나 불신을 극복하고 마침내 화해에 이른 것이다. 불행한 기억에도 불구하고 다시금 함께 살아가기로 약속한 것이다.

나는 삶이나 정치도 마찬가지일 것이라고 생각한다. 이혼한 배우자와 다시 결합하기로 결심하는 것처럼, 어떤 사람은 인생이 고단하고 허망하다는 것을 잘 알고 있음에도 불구하고 기어이 살아내기로 결심한다. 어떤 사람은 정치의 세계가 협잡과 음모로 얼룩져 있다는 것을 잘 알고 있음에도 불구하고 은거의 유혹을 떨치고 정치의 세계로 나아간다. 그들의 인생이나 정치는 그러한 자각이 없는 인생이나 정치와는 다를 것이다. 우리에게 필요한 것은 그냥 사는 인생이나 마냥 권력을 쥐려는 정치가 아니라 반성된 삶과 숙고된 정치다. 《인간으로 사는 일은 하나의 문제입니다-정치적 동물의 길》은 바로 그러한 삶과 정치에로 초청하는 작은 손짓이다. 인간으로 산다는 것은 하나의 문제이며, 정치는 그에 대한 응답이다.

1부

정치란 무엇인가

매사 당연하다고 생각하는가? 그렇다면 거기에 정치는 없다.
세상에 당연한 건 없다. 당연해 보이던 것이 더 이상 당연해 보이지 않을 때
정치가 있다. 당연한 듯한 현실의 그늘에 금방이라도
사라질 듯 위태롭게 존재하는 이들이 있다.
일견 당연해 보이는 것을 낯설게 보는 데 정치가 있다.

정치는 어디에 있는가

정치의 행방

정치는 어디에 있나. 국회에 있나, 청와대에 있나, 법원에 있나, 거리에 있나, 신문 정치면에 있나, 인터넷에 있나, 먹고 자는 일상에 있나, 혹은 사람들이 미처 보지 못하는 음지에 있나.

마냥 행복한가? 그렇다면 당신은 운이 좋다. 그 좋은 운을 누리다가 때가 되면 평화롭게 죽기 바란다. 그러나 거기에 정치는 없다. 인간이 그저 행복해지는 게 불가능할 때 정치가 시작된다. 인간으로 사는 일은 하나의 문제이며, 그 문제를 다루는 데 정치가 있다.

어떻게든 다 잘될 것 같다고 생각하는가? 나 하나만큼은 평범하고 은은하게 잘 살 수 있을 거라고 생각하는가? 그렇다면 거기에 정치는 없다. 세상에 혼자 그냥 잘되는 일은 없다. 잘되고 있다면, 누군가 정념과 에너지와 인생을 갈아 넣었기 때문이다. 뭔가를 위해 누가 무엇을 어떻게 갈아 넣을까 고민하는 데 정치가 있다.

누워서 걱정만 하고 있다고? 정치는 몽상이 아니다. 당신이 누운 그 이부자리에 정치는 없다. 정치는 일상의 아편굴에 누워 마음의 연기를 내뿜는 데 있지 않다. 상황의 유지와 개선을 위해 자리에서 일어나 무엇이라도 하려는 데 정치가 있다.

사람들이 착하니까 어떻게든 될 거라고? 그렇다면 거기에 정치는 없다. 가짜를 좋아할 수는 있어도 가짜를 진짜로 속이지 않는 게 상도덕이다. 추남을 좋아할 수는 있어도 추남을 미남이라고 우기지 않는 것이 연애의 도덕이다. 인간을 좋아할 수는 있지만, 인간이 다 착하다고 우기지 않는 것이 정치의 도덕이다. 인간이 천사가 아니라는 사실을 받아들이는 데 정치가 있다.

산다는 게 징글징글한가? 징글징글한 나머지 산속으로 잠적하고 싶은가? 그렇다면 거기에 정치는 없다. 답이 없는 세계에서 좋은 세상 보겠다고 싸우다가 지치면, 세상을 뜨고 싶은 게 인지상정이다. 그래도 뜨지 않고 버티는 데 정치가 있다.

세상을 혐오하는가? 세상을 부인하는가? 타인을 독침이라고 생각하는가? 그렇다면 거기에 정치는 없다. 정신 차려보면 태어나 있고, 죽을 게 아니면 살아야 하는 게 인생이고, 살다 보면 만나야 하는 게 타인이다. 타인과 더불어 사는 데 정치가 있다. 욕심과 질투와 배척을 넘어서 타인과 공존을 모색하는 데서 정치는 시작한다.

욕심이 많아도 자원이 풍부하니, 괜찮을 거라고 보는가? 그렇다면 거기에 정치는 없다. 기득권도 피해자 코스프레 하는 곳이 세상이다. 책임은 지지 않고 다 떠먹여줬으면 좋겠다고 생각하는 게 인간이다. 욕심으로 충만한 인간들에게 한정된 자원을 어떻게 애써 분배할 것인지 고민하는 데 정치가 있다.

분업을 통해 전문화가 이루어지고 부가 증진할 테니, 물물교환으로 나누면 되지 않겠느냐고? 그 과정에서 별 갈등이 없을 걸로 생각한다고? 그렇다면 거기에 정치는 없다. 어떻게 갈등을 중재하고 교환을 촉진할 것인지 고민하는 데 정치가 있다.

세상일은 단순하다고? 선과 악은 분명하다고? 권선징악으로 다 해결할 수 있다고? 그렇다면 거기에 정치는 없다. 세상일은 간단하지 않다. 세상만사 귀찮아도 때가 되면 배가 고픈 것이 인간이다. 타인이 꼴 보기 싫어도 외로움이 사무치는 것이 인간이다. 복잡하고 모순적인 상황을 다루는 데 정치가 있다.

인간과 세계에 대해 전지적 시점을 가지고 있다고? 그렇다면 거기에 정치는 없다. 사이비 종교가 있을 뿐. 다들 비슷하게 생각할 것 같다고? 그렇다면 거기에 정치는 없다. 자기 한계를 가지고 예측 불허의 세상 속을 함께 한걸음 한걸음 나아가는 데 정치가 있다.

권력이 싫다고? 남들도 그럴 것 같다고? 선으로 존재감을 얻을 수 없으면 악으로라도 권능감을 느끼려는 인간들이 있다. 파당을 지어 세를 불리는 포유류가 인간이다. 그런 인간들을 다 어디서 계속 찍어내는 건지 궁금하다고? 생식 과정을 통해 재생산된다.

유능한 사람을 리더로 뽑았으니 안심이라고? 그의 초심이 영원할 거라고? 그렇다면 거기에 정치는 없다. 시간은 인간 편이 아니다. 시간이 흐르면 권력은 부패하며, 권력자는 나태해진다. 부패와 나태를 부르는 시간과 어떻게 싸워 이길 것인가를 고민하는 데 정치가 있다.

리더가 청렴하기만 하면 된다고? 유능한 사람은 위험하니 청렴한 무능력자를 리더로 뽑겠다고? 그렇다면 거기에 정치는 없다. 위기가 닥치면 부패만큼 무능도 싫어하는 것이 인간이다. 위기를 상상하고 대처하는 데 정치가 있다.

권력자가 부패하면 그를 없애버리자고? 도시락 폭탄을 던지고 입에 활활 타오르는 꽃병을 꽂으면 해결된다고? 거기에 영웅은 있을지언정 정치는 없다. 그 와중에 희생된 민간인에 대한 보상, 테러의 정당성, 폭발 후 잔해의 청소, 청소부의 정규직 여부를 논의하는 데 정치가 있다.

세상을 쥐락펴락하고 이름을 남기고 싶은 것이 영웅의 야망이고, 그 영웅의 행동이 정치라고? 정치는 거기에만 있지 않다. 평범하고 바르게 살고 싶은 보통 사람의 소망을 돌보고 실현하는 데

Eduardo Arroyo, Costume Descending Stairs, 1976.

정치가 있다. 최소한의 인간 존엄마저도 정치를 우회해서는 좀처럼 가능하지 않다.

순간을 살다가 죽겠다고? 그렇다면 거기에 정치는 없다. 순간을 사는 것은 하루살이지 인간이 아니다. 미래를 고려하지 않으며, 한 번의 실패도 용납하지 않는 것은 인간의 삶이 아니다. 장기적인 삶을 꿈꿀 수 있는 안전망을 다음 세대에 남겨주어야 한다. 보다 나은 선택지를 남겨두고자 고민하는 데 정치가 있다.

유토피아를 건설하려 드는가? 그렇다면 거기에 정치는 없다. 유토피아는 정치적 열정의 산물이라기보다는 종교적 열정의 산물이다. 티끌 모아 태산이라고 생각하는가? 아직 태산에 가보지 못한 모양이다. 티끌 모아 좀 더 큰 티끌을 만들어나가는 데 정치가 있다.

매사 당연하다고 생각하는가? 그렇다면 거기에 정치는 없다. 세상에 당연한 건 없다. 당연해 보이던 것이 더 이상 당연해 보이지 않을 때 정치가 있다. 당연한 듯한 현실의 그늘에 금방이라도 사라질 듯 위태롭게 존재하는 이들이 있다. 일견 당연해 보이는 것을 낯설게 보는 데 정치가 있다.

아무리 힘든 게 정치 현실이어도 열심히 분투하기만 하면 다 될 것 같은가? 그렇다면 거기에 정치는 없다. 아무리 분투해도 안 되는 일이 있음을 인정하는 데 정치가 있다. 불면증을 생각해보라. 우리가 잠에게 다가갈 수는 없다. 잠이 와야 한다. 정치에는 그런 일들이 비일비재하다. 오길 기다려야 하는 일. 억지로 가려고 하면 도리어 멀어지는 일.

오오, 이렇게 까다롭고 힘든 일이 정치라니. 정치를 멀리하고 싶어요. 그러나 태어났으면 싫어도 해야 하는 것이 정치다. 아침에 엉엉 울면서 깨어났어도 해야 하는 것이 정치다. 아침에 일어나면 정치로 세수하고 정치로 밥 말아 먹고 정치로 배설하고 정치가 판을 치는 세상으로 나가게 되어 있는 것이 인간 현실이다.

정치가 어디 있냐고? 어느 날 눈을 떠보니 이 세상에 태어나 있고, 태어난 바에야 올바르게 살고 싶고, 이것저것 따져보고 노력해보지만 혼자 힘으로 할 수 있는 것은 없고, 다른 사람과 함께하려니 합의가 필요하고, 합의하려니 서로에 대해서 알아야 하고, 합의했는데도 합의는 지켜지지 않고, 합의 이행을 위해 규제가 필요하고, 규제를 실천하려니 권력이 필요하고, 권력 남용을 막으려니 자유가 필요하고, 자유를 보장하려니 재산이 필요하고, 재산을 마련하니 빈부격차가 생기고, 빈부격차를 없애자니 자원이 필요하고, 개혁을 감행하자니 설득이 필요하고, 설득하자니 토론이 필요하고, 토론하자니 논리가 필요하고, 납득시키려니 수사학이 필요하고, 논리와 수사학을 익히려니 학교가 필요하고, 학교를 유지하려니 사람을 고용해야 하고, 일터의 사람은 노동을 해야 하고, 노동하다 죽지 않으려면 인간다운 환경이 필요하다. 이 모든 것을 고민하는 과정에서 느닷없이 자연재해가 일어나거나 전염병이 돌거나 외국이 침략할 수도 있다. 공동의 삶을 위해 필요한 것은 많고 쉬운 일은 없다. 이 모든 것을 다 말하기가 너무 기니까, 싸잡아 간단히 정치라고 부른다. 정치는 서울에도 지방에도 국내에도 국외에도 거리에도 집 안에도 당신의 가느다란 모세혈관에도 있다. 체지방처럼 어디에나 있다, 정치라는 것은.

인간은 제법 '잘' 살 수 있는 존재다

정 치 적 동 물 로 서 의 인 간

정치 공동체는 자연의 산물이다. 그리고 인간은 본성상 정치적 동물이다. 우연이 아니라 본성상 정치 공동체가 없어도 되는 존재는 인간 이상이거나 인간 이하다.

— 아리스토텔레스,《정치학》중

"인간은 본성상 정치적 동물이다." 어디선가 한 번쯤 들어보았을 문장이다. 사회학과 수업에서는 "인간은 사회적 동물이다"라고 했을 수도 있고, 정치학과 수업에서는 "인간은 정치적 동물이다"라고 했을 수도 있다. 모두 아리스토텔레스의 고전《정치학》에 나오는 "ho anthropos phusei politikon zôon estin"이라는 표현을 번역한 말이다. 어떻게 번역하느냐에 따라 같은 말도 의미가 달리 전달된다는 것을 의식한 나머지, 중세 유럽 사람들은 "인간은 사회적이고 정치적인 동물이다"라고 번역하기도 했다.

인간은 정치적 동물이라니, 이게 도대체 무슨 말일까. 이 말은 수천 년에 걸쳐 다양하게 해석되어왔다. 그만큼 그 정확한 의미를 확정하기도 쉽지 않다. 정치가 권력에 눈먼 사람들이 해대는 더러운 짓거리 정도로 간주되곤 하면서 "정치적 동물"이란 말이 자기 이익을 위해 모략이나 협잡을 일삼는 존재라는 뜻으로 사용될 때도 있다. 그러나 원래 맥락을 감안하면, 저 말은 인간이 권력에 굶주린 음흉하고 전략적인 존재라는 뜻은 전혀 아니다. 인간은 본성상 홀로 살 수 없기에, 일정한 집단을 이루어 공적인 일에 종사하게끔 되어 있는 존재라는 뜻이다.

"나는 산속에서 혼자 살아가는 사람을 본 적이 있어요!" 이렇게 말해보았자 아리스토텔레스에 대한 대단한 반론이 되지 못한다. 본성상 그렇게 하게끔 되어 있더라도 그렇게 하지 않을 수도 있기 때문이다. 본성상 음식을 먹게 되어 있지만 단식을 할 수도 있고, 먹은 이상 배설을 하게 되어 있지만 용변을 참는 사람도 있고, 엄청나게 좋은 두뇌를 가지고 있지만 공부를 하지 않을 수도 있고, 변강쇠와 옹녀처럼 정력이 좋아도 평생 수절할 수도 있다. 본성이라고 해서 꼭 실현되리란 법은 없다.

그러나 현자들은 말한다. 자신의 운명을 사랑하라고. 자신의 운명을 사랑하지 않을 수는 있지만 운명을 사랑하지 않으면 자기 파괴적이 되고 만다고. 단식을 거듭하다가 거식증에 걸릴 수도 있고, 용변을 자주 참다가 변비에 걸릴 수도 있고, 성교를 기피하다가 평생 성욕과 불화할지도 모른다. 아리스토텔레스의 말이 맞는다면, 인간은 집단생활을 하는 것이 좋고, 집단생활을 하는 것은 곧 자기 운명을 사랑하는 일이다.

왜 인간은 집단생활을 하게끔 되어 있나? 일단, 그러지 않고는 도저히 생존할 수 없기 때문이다. 중세의 철학자 토마스 아퀴나스는 《왕국론(De Regno)》에서 "인간은 정치적 동물이다"라는 말을 이렇게 해석한다. "자연은 즉각적으로 먹을 음식, 보온용 털, 살아남기 위한 방어 수단을 동물에게 주었다. 그러나 인간에게는 그렇게 하지 않았다. ……인간은 그와 같은 것들을 혼자 마련할 수 없다. 그러니 인간은 여러 사람 속에서 사는 것이 자연스럽다." 즉 인간은 집단생활을 통하지 않으면 생존할 수 없다는 말이다.

인간을 원죄를 가진 한심한 존재, 구원받아야 하는 타락한 존재로 본 많은 중세인들과는 달리 아리스토텔레스 같은 그리스 철학자들은 인간이 제법 '잘' 살 수 있는 존재라고 생각한다. 인간이 집단생활을 통해 정치에 참여해야 하는 이유는 단지 생존하기 위해서만이 아니라 보다 '잘' 살기 위해서다. 인간이 정치, 즉 공동의 삶을 위한 모색에 참여하지 못하면 어떻게 되나? 그런 일이야 얼마든지 일어날 수 있다. 식욕이 넘쳐도 먹을 걸 구하지 못할 수 있고 성욕이 넘쳐도 성교 상대를 구하지 못할 수 있듯이, 정치 참여의 기회를 얻지 못할 수도 있는 것이다. 정치 참여를 못 했다고 해서 사람이 갑자기 죽거나 그러지는 않는다. 다만 '잘' 사는 데 지장이 있다. 자신의 본성이 충분히 실현되지 않는 것이다. 엄청난 근육을 가진 사람이 무거운 물건을 들어볼 기회가 없이 살다 죽는 것처럼. 엄청난 춤 실력을 가진 사람이 한 번도 무대에 오르지 않은 채 죽는 것처럼.

집단생활을 한다고 누구나 다 어엿한 정치적 동물이 될 수 있나? 아리스토텔레스에 따르면, 꼭 그런 것은 아니다. 군집 생활을 하는 동물은 인간만이 아니다. 개미도 불개미도 개미핥기도 다 군집 생활을 한다. 인간이 개미, 불개미, 개미핥기 이상인 까닭은 말을 사용한다는 데 있다. 인간은 칭얼댈 때, 하소연할 때, 헛소리할 때, 신음할 때, 술주정할 때, 협박할 때도 말을 사용한다. 그러나 정치적 동물로서 인간이 말을 사용한다는 것은, 옳고 그른 것을 판별해가며 말을 한다는 것이다. 침 뒤기며 그냥 막말을 해댄다는 것이 아니다. 옳고 그른 것을 판별해가며 말을 하지 않는 한, 그는 아직 어엿한 정치적 동물이 아니다. 적어도 아리스토텔레스의 견지에서는.

옳고 그름을 따져가며 말을 할 줄 안다고 해서 곧 인간이 정치적 동물로서 자아실현을 하는 것은 아니다. 정치를 고민할 정도로 여유가 있어야 한다. "인간은 정치적 동물이다"라고 말했을 때 아리스토텔레스가 염두에 둔 정치 공동체는 폴리스라는 도시국가였다. 그곳에서 내일의 끼니를 걱정하고, 밥하고, 빨래하고, 설거지하고, 창틀에 쌓인 먼지 닦고, 화장실 묵은 때 벗겨내고, 욕실의 곰팡이 걷어내는 일 같은 것은 여자와 노예들에게 주로 맡겨졌다. 그리하여 여유가 생긴 그리스 남성은 정치 같은 공적인 일에 대해 비로소 논의할 수 있었다. 그러나 이제 그런 시대는 갔다. 인간이라면 대개 이 시시콜콜한 생활의 잡무와 싸워야 한다. 그러다 보면 지치게 되고, 지친 상태에서는 정치가 사치스러운 일로 보이기 쉽다. 정치 참여? 난 좀 쉬고 싶은데?

폴리스는 어디 한구석에 틀어박혀 은거하기에는 너무 소규모 사회였다. 그러나 인구 1000만이 넘는 현대 도시와 국가에 살면서 익명으로 숨기란 얼마나 쉬운 일인가. 정치는 권력욕을 주체못하는 중늙은이들에게 맡겨놓은 채 애착 인형을 끼고 그저 숨이나 쉬고 있기란 얼마나 편한 일인가. 짙어진 풀냄새를 맡으면서 아무도 없는 산책길을 고적하게 걷는 일은 얼마나 매혹적인가. 조용히 은거하면서 자기 삶의 안위와 쾌락만 도모하다가 일생을 마치는 일은 얼마나 유혹적인가. 그러나 폴리스 시민이라는 사실에 자부심을 가졌던 정치가 페리클레스는 다음과 같이 단호하게 말한다. "우리 아테네 사람들은 공적인 일에 참여하지 않는 사람들을 초탈한 사람이라고 존경하지 않고, 쓸모없는 인간으로 간주한다."

Raffaello Sanzio, The School of Athens, 1511.

자연 상태를 상상하라

—

정치 이전 상태

드디어 내 주변에도 귀농을 설파하는 사람들이 나타나기 시작했다. 설마가 사람 잡는다던가. 무료한 고향이 지겨워 평생 도시 생활을 찬양하던 친구마저 시골에 전원주택을 마련하고 텃밭을 가꾸기 시작했다. 자신이 가꾸는 텃밭이 얼마나 자랑스러운지, 화학 비료를 뿌리지 않은 자기 텃밭 채소가 크기는 작아도 맛은 얼마나 뛰어난지 감탄한다. 그 상추를 먹으면 자연이 나에게 하이 파이브를 하는 것 같아! 땅은 땀 흘리는 만큼 인간에게 보답을 해. 자식보다 나아! 살면 살수록 세상에 대한 환멸감이 심해지는데, 아예 인간을 떠나 자연으로 들어가는 게 좋지 않겠어?

그런가. 그렇겠지. 나도 새벽 배송 배달 식품들의 넘치는 포장재가 부담스럽고, 매해 갱신해야만 하는 공동인증서가 지겹고, 선거를 통해 한때 트럼프 같은 인간을 뽑기도 하는 민주주의가 안쓰럽고, 도시에서 경적을 울려대는 성급한 놈들이 싫다. 시골에는 경적소리도 드물겠지. 경적소리 대신 새 우는 소리가 들리겠지. 그렇다고 해서 도시에서 번뇌에 휩싸여 있는 친구에게 그처럼 아름답고 평화로운 전원 풍경 사진을 보내면 되겠는가. 당연히 되지. 정말 부럽다.

그러나 항변한다. 인간의 손길이 닿지 않은 자연이 어디에 있단 말인가. 친구가 꾸린 텃밭도 결국 자연이 아닌 문명이다. 그 텃밭을 가꾸기 위해서는 읍내의 농기구 가게에 가서 도구를 빌려왔을 것 아닌가. 도시에 있는 친구에게 '자연'을 자랑하기 위해서 사진을 찍었고, 그 사진을 찍기 위해서 휴대전화라는 최첨단 문명 기기를 사용했을 것 아닌. 그래서 자연 예찬을 하는 사람들에게 묻고 싶다. 정말 자연을 경험해본 적이 있는가? 어떤 질서도 깃들지 않은 자연 상태(state of nature)를 경험해본 적이 있는가? 나는 있다. 그것도 대도시 서울 한복판에서.

좋은 선생이 되고 싶다는 열망이 샘솟던 시절 일이다. 대학생들을 잘 가르치고 싶어서 대학에 들어오기 전 학생들의 상태는 어떤지 알고 싶었다. 상대를 제대로 알아야 제대로 가르칠 수 있을 것 아닌가. 방문 목적과 신분을 드러내지 않은 채 조용히 고등학교 교실 뒷자리에 앉아 관찰을 시작했다. 오래전 고등학교를 다닌 나로서는 상상할 수 없는 일이 벌어졌다. 선생의 말에 귀 기울이는 학생은 앞에 앉은 몇 명밖에 없었다. 수업 중인데도 학생들은 교실을 활보하고, 전화하고, 건너편으로 가로질러 가서 말을 걸고, 뭘 빼앗아 오고, 뺏기고, "하지 마"라고 소리 지르고. 더 놀라운 것은 선생이 그러한 행동을 적극적으로 저지하지도 않는다는 점이었다.

요컨대, 내가 견학한 고등학교 교실에는 두 가지가 없었다. 체벌이 없었고 질서가 없었다. 예전에는 지금보다 훨씬 많은 학생들이 한 교실에서 공부했고, 대학 진학률이 지금보다 훨씬 낮았다. 대학 입시를 일찌감치 포기한 학생들은 교실에서 이루어지는 수업이 결국 자신들을 위한 게임이 아니라는 것을 본능적으로 알았다. 그래서 상당수 학생들이 수업에 협조하지 않았다. 나아가 수업이라는 판을 엎어버리고 싶어 했다. 그 모습을 묵과할 수 없는 선생은 체벌을 가했다. 엎드리게 하고, 몽둥이찜질을 하고, 때로는 던지고, 때로는 날아 차고. 최소한 성질이라도 더러워야 천방지축인 학생들을 통제할 수 있었다.

그러다가 2011년 3월, 마침내 체벌을 금지하는 초 · 중등교육법 시행령이 통과됐다. 교실에서 폭력이라는 야만을 법적으로 제거한 것이다. 혹은 제거했다고 믿었다. 그러나 보기에 따라서는 체벌을 없앰으로써 야만에서 문명으로 진행했다기보다는 한 종류의 야만에서 다른 종류의 야만으로 이행한 것인지도 모른다. 체벌 금지 이후 교실의 난맥상에 좌절한 어떤 교사는 이렇게 토로한 적이 있다. "때려야 하는데 못 때리는 문제가 아니다. 이전에도 학생을 체벌하지 않고 말로 잘 타일러왔는데 이제는 그것이 잘되지 않는다. 때릴 수 있는데 교사가 때리지 않는 것과 법으로 때리지 못하는 것의 차이를 학생들이 느끼는 것이다."

이러한 개탄이 나온다고 해서 체벌이 다시 필요하다는 말은 아니다. 체벌의 대안으로서 제시된 '상담'과 '자치'가 허울 좋은 말의 잔치에 그치고 있을 뿐, 아직 현장에 제대로 뿌리내리지 못했음을 뜻할 뿐이다. 진정으로 대안적인 질서가 교실 안에 자리잡기 위해서는 체벌이 사라진 교실을 일종의 '자연 상태'라고 상상할 필요가 있다. 정치학 용어로서 자연 상태는 시골이나 전원을 지칭하는 것이 아니라 정치 질서가 아직 도래하지 않은 원초적 상태를 말한다.

이 원초적 상태가 실제 원시사회를 말하는 것은 아니다. 정치학자는 물론 어떤 현대인도 원시사회를 직접 경험한 적이 없다. 자연 상태란 현재의 문제적 상태를 설명하기 위한 혹은 대안적인 정치 질서를 구상하기 위한 일종의 사고실험이다. 어떤 새로운 질서가 생겨날 필요가 있는지 설명하기 위해서는 어떤 무질서가 존재할 수 있는지를 보여주어야 한다. 그래서 자연 상태를 논한다.

예컨대, 학생들이 모여 이번 소풍을 어디로 갈까를 논의하는 광경을 생각해보자. 한 명도 빠지지 않고 모두 다른 의견을 피력했다고 생각해보자. 아무도 타인의 의견에 동의해주지 않아서 결국 소풍을 가지 못하게 되는 경우를 생각해보자. 이것도 하나의 자연 상태로 상상할 수 있다. 모두가 소풍을 원했지만 아무도 갈 수 없었다. 이 난국을 타개하기 위해서는 누군가 상대를 설득할 만한 의견을 내야 하고, 상대는 그 의견에 동의해주어야 하고, 그렇게 모인 총의(總意)를 실천에 옮길 수 있어야 한다. 그도 아니라면, 꼭 가야겠거든, 소풍에 대한 결정을 타자에게 위임하기라도 해야 한다. 그저 자기 선호를 메마르게 뱉어놓는 행위만으로는 아무것도 할 수 없다. '나님'이 보시기에 네 의견은 거슬린다는 태도만 유지해서는 결코 자연 상태를 벗어날 수 없다. '나만 망가질 수 없으니 너도 망가져봐라'라는 시대정신을 가지고는 결코 자연 상태를 벗어날 수 없다. 자연 상태를 벗어난 상태, 즉 '정치적' 사회는 그냥 선물로 주어지지 않는다.

운 좋게 그럭저럭 질서가 유지되는 사회에 태어났다고 해서 안심할 것도 아니다. 인간은 다른 생물과는 달리 고도의 문명을 건설할 능력을 가지고 있지만 트럼프 치하의 미국을 보면, 인간은 야만으로 재빨리 회귀하는 능력 또한 가지고 있는 것 같다. 오늘날 대안적 질서를 구상하려거든, 현재의 문제적 상태가 어떤 자연 상태이기에 우리가 보다 나은 정치 질서로 이행할 수 있는가를 물어야 한다. 어떻게 자연 상태를 상상하느냐가 대안적 질서의 향방을 좌우한다.

수십 년에 걸친 한국의 민주화 과정이 남긴 성취 중의 하나는 시민에 대한 물리적 탄압의 정도와 가능성이 그전 시대에 비해 현

Philipp Clüver, Plate 17 from Philip Clüver's Germania Antiqua, 1616.

저히 줄었다는 것이다. 질서를 유지하겠다며 존재했던 폭압이 꽤 나 사라진 곳에 이제 무엇이 남았나 물어볼 때다. 폭압에 의존하지 않아도 삶에 필요한 질서를 창출하고 향유할 수 있을 때까지 민주화는 완성되지 않는다. 반드시 폭력을 동반하지 않더라도 지구촌 곳곳에서 벌어지고 있는 문제적 상태를 일종의 자연 상태로 새삼 바라볼 필요가 있다.

이 자연 상태는 도시 생활에 지친 중산층이 꿈꾸는 목가적인 전원이 아니라 이성적인 사람이라면 그 누구도 돌아가고 싶지 않을 상태다. 미국 대통령 선거를 앞두고 미국의 소설가 스티븐 킹은 기존 질서와 그에 기생해서 거들먹거리는 기득권자들이 고까워서 차라리 자연 상태를 원했던 편의점 점원을 상기한 바 있다. "나는 트럼프가 마음에 들어요. ……그는 판을 흔들어놓을 겁니다. 사과 수레를 엎어버릴 인물인 거지." 스티븐 킹은 말한다. "과일 수레를 발로 차서 엎어버린 다음에 그냥 자리를 떠버리고 싶은 욕망이야 이해할 수 있습니다. ……하지만 이제 우리 모두 길에 굴러다니는 사과를 주워 담아야 할 겁니다." 정치는 과일 수레를 엎어버리고 싶은 원한이 애당초 생기지 않게 하는 일, 쏟아져 굴러다니는 사과를 차근차근 주워 담는 일, 그리고 제풀에 무너지지 않도록 사과들 간의 균형을 잘 잡는 일이다. 비록 엎어진 수레를 방관하거나 과일을 밟고 다니거나 등 뒤에서 과일을 깎아 먹거나 굴러다니는 과일을 훔쳐 달아나는 이들이 있다고 할지라도.

귀찮음이 기본이다

정치의 필요

무릇 천하의 재앙 중에서 담백하게 욕심이 없는 상태보다 더 참 담한 것은 없다. 앞서 존재했던 위대한 군주들은 사람들이 귀찮 아하고 해이해지고 물러나기만 할 뿐, 나아가려 들지 않을 것임을 알았다. 그래서 사람들을 위해 아름답게 수와 문양을 놓은 옷으 로써 사람들의 눈길을 끌고, 타악기, 현악기, 관악기 등으로써 사 람들의 귀를 유혹하고, 관직과 편의로써 사람들의 몸을 유도하고, 두드러지는 선행을 표창하고 비석에 새기고 영탄함으로써 사람 들의 기개를 인도하였다.

— 박지원, 〈명론〉 중

그는 평생 귀찮음과 싸워왔다. 망연하게 창문 너머 하늘을 바라보고 있으면, 학생들은 그가 무슨 심오한 학술적 사색에 잠겨 있는 줄 안다. 그렇지 않다. 귀찮음과 싸우고 있을 뿐이다. 귀찮음과의 한판 승부, 그건 심신이 미약한 사람이 치르는 세계대전 같은 것이 아닐까. 오늘도 귀찮음은 천하를 통일하겠다는 기세로 존재의 구석구석에서 세력을 확장하고 있다. 주변 사람들에게 폐를 끼치기 귀찮은 나머지 그는 오랫동안 단련해온 의지력이라는 군대를 파병한다. 잘 싸워다오. 그래서 오늘 하루도 내가 사람 꼴을 하고 살게 해다오.

귀찮음에 주목해보라. 그러면 많은 인간사가 설명되는 것 같다. 더러운 사람이 있다. 아, 씻기 귀찮았구나. 갑자기 수척한 사람이 있다. 아, 먹기 귀찮았구나. 착한 사람이 있다. 아, 남을 괴롭히기 귀찮았구나. 너그러운 사람이 있다. 아, 화내기 귀찮았구나. 정숙한 사람이 있다. 아, 연애하기 귀찮았구나. 변온 동물이 있다. 아, 체온 조절하기 귀찮았구나. 버스 종점에서 내린다. 아, 중간에 내리기 귀찮았구나. 새로운 생명이 태어난다. 아, 피임하기 귀찮았구나. 자살률이 줄어든다. 아, 죽기 귀찮았구나.

어? 내가 왜 앉아 있지? 큰 손해라도 본 듯이 부랴부랴 누워본다. 아, 이거였구나. 나에게 맞는 자세란. 가만히 누워 있다 보면 진정한 내가 되는 느낌이다. 나는 아무것도 해내지 않아도 된다. 정치를 가르치지 않아도 된다. 철학을 공부하지 않아도 된다. 칼

럼을 쓰지 않아도 된다. 아무것도 하지 않아도 된다. 누워 있다 보면 팔다리도 서서히 나를 떠나는 느낌이 든다. 잘 있어……. 몸에 붙어 있기 귀찮아……. 살려줘…….

이것이 내가 예측하고 있는 인류 멸망 시나리오 중 하나다. 사람들은 흔히 인류가 핵무기를 제대로 관리하지 못한 끝에 핵전쟁으로 멸망할 거라고 말하곤 한다. 혹은 판데믹을 막지 못해서 전염병으로 멸망할 거라고 말하곤 한다. 그럴 수도 있겠지. 인류는 멍청하니까. 자기 편익마저도 장기적으로 계산해서 얻어내지 못할 만큼 멍청한 것이 인간이니까. 그래, 그런 식으로 멸망할 수도 있을 것이다.

그러나 가능한 시나리오는 또 있다. 인간이 지나치게 똑똑해진 끝에 멸망할 수도 있다. 세상은 지옥이군. 아무래도 여기다가 애를 낳아서 키운다는 것은 말이 안 돼. 각종 환경·정치·사회 문제를 보라. 요즘 세상 돌아가는 모습을 보면 이런 생각을 과연 멍청하다고 치부할 수 있을까. 오히려 이성적인 생각에 가까울지 모른다. 그래서 인류는 결국 생식을 멈추고 자멸해가는 것이다. 이에 못지않게 유력한 시나리오는 귀찮아서 멸망하는 것이다. 아이를 낳아서 키울 만한 세상이긴 한데, 너무 피곤하군. 잠잘 시간도 부족한데, 다 부질없는 욕심이군. 귀찮아. 이 지구는 인공지능 로봇에게 맡기고 사라져주겠어. 이렇게 멸망한 인류는 모두 누워 있는 자세를 취하고 있을 것이다.

Pieter Brueghel the Elder, The Land of Cockaigne, 1567.

그래서 조선 후기의 문장가 연암 박지원(朴趾源)은 〈명론(名論)〉이라는 에세이에서 말했다. "무릇 천하의 재앙 중에서 담백하게 욕심이 없는 상태보다 더 참담한 것은 없다." 박지원이 보기에 전쟁, 지진, 홍수, 판데믹, 호환, 마마보다 참담한 재앙이란 바로 담담히 욕심이 없는 상태다. 다 귀찮아하는 상태다. 그래서는 이 세계가 유지되지 않기 때문이다. 그런데 이것은 귀찮아하는 사람들의 관점이 아니라 정치하는 이의 관점이다. 뼛속 깊이 귀찮아하는 사람은 삶 자체도 귀찮아하므로 인류의 멸망 따위를 크게 개의치 않는다. 그러나 이 세상을 감히 책임지고자 하는 정치인들은 다르다. 이 세상이 사라지면 큰일이다. 책임질 대상이 없어지잖아! 나는 뭔가 책임지고 싶은데!

그러면 어떻게 해야 하나? "천하는 텅 비어 있는 거대한 그릇이다. 무엇을 가지고 그 그릇을 유지할 것인가? '이름'이다. 그렇다면 무엇으로써 이름을 유도할 것인가? 바로 '욕심'이다." 사람들이 귀찮은 나머지 아무것도 안 하다가 멸종하는 사태를 막으려면, 사람들의 욕망을 불러일으켜야 한다. 뭔가 해보고 싶은 욕망. 우리는 흔히 욕망을 부정적인 것으로 간주하는 데 익숙하지만, 사실 욕망이 없다면 이 세계는 텅 비어버리고 말 것이다. 그릇은 해체되고 말 것이다. 사람들은 꼼짝하지 않고 누워 있다가 멸종되고 말 것이다. 욕심이 있어야 인생이 있고, 인생이 있어야 욕심이 있다.

그래서 뛰어난 정치가들은 "아름답게 수와 문양을 놓은 옷으로써 사람들의 눈길을 끌고, 타악기, 현악기, 관악기 등으로써 사람들의 귀를 유혹하고, 관직과 편의로써 사람들의 몸을 유도하고, 두드러지는 선행을 표창하고 비석에 새기고 영탄함으로써 사람들의 기개를 인도하였다." 다시 말해서 멋진 것들을 만들었다. 사람들의 선망을 불러일으킬 만한 것들을 만들어낸 것이다. 멋진 패션이 없으면 멋쟁이도 없을 것이고, 멋쟁이가 없으면 연애의 욕망도 생기지 않을 것이고, 연애를 하지 않다 보면 사람도 태어나지 않을 것이고, 그러다 보면 인류는 멸망할지 모른다.

박지원이 보기에 사람들의 욕망을 불러일으키는 것들 중 명예(이름)가 가장 중요하다. "만물은 쉽게 흩어지기 마련이니, 어떤 것도 그것을 붙잡아둘 수 없다. 이름으로 붙잡아둔다." 어떤 선망하고 욕망할 것이 있기에 사람들은 귀찮음을 이기고 세상에 나와 그 욕망의 대상을 좇는다. 마침내 경제가 돌아가기 시작하고, 정치가 필요해진다.

무인도에 불시착한 아이들에게
무슨 일이 벌어졌을까

———

정치의 시작과 끝

정치의 시작과 끝에 관한 우화로서는 윌리엄 골딩의 동명 소설을 영화화한 〈파리 대왕〉만 한 것이 드물다. 영화는 바다 한가운데서 일어난 비행기 사고로부터 시작한다. 이 느닷없는 사고로 인해 비행기에 탔던 소년들은 무인도에 불시착한다. 자신들을 보호하고 인도하던 어른들은 순식간에 사라졌다. 그들은 이제 무인도에서 자신들의 생존을 도모해야 한다.

왜 하필 무인도인가. 무인도는 내륙에서 제공되던 각종 문명이 사라진 곳이다. 사회적 습속에 가려져 있던 인간의 민낯이 드러날 수 있는 공간이다. 인간 본성이 가진 각종 경향이 가감 없이 드러날 수 있는 이른바 '자연 상태'다. 살아남기 위해서 소년들은 이 자연 상태를 벗어나 인간이 견딜 수 있는 질서를 만들어야만 한다.

그나마 혼자 무인도에 불시착하지 않은 것은 축복인가? 로빈 슨 크루소는 숙련된 성인 선원이었기에 혼자 힘으로 생존을 도모 할 수 있었다. 그러나 아직 어린 티를 벗지 못한 이 소년들은 혼자 서 살아남을 수 없다. 공동생활을 통해서야 비로소 생존할 수 있 다. 무인도라는 낯선 환경에서 서로가 서로에게 반드시 협조적이 라는 법은 없다. 부족한 자원으로 인해 서로가 경쟁자로 판명된 다면 타인은 축복이 아니라 저주가 될지도 모른다. 더불어 생존을 도모하기 위해서는 이 소년들에게 '정치'가 필요하다.

　섬에 불시착한 소년들이 행한 첫 번째 정치 행위는 '누가 말할 것인가'를 정하는 일이었다. 공동생활을 하기 위해서는 공적인 규 칙이 필요하다는 것을 소년들은 즉각 알아차린다. 규칙을 대신 정 해줄 전통이나 어른은 무인도에 없다. 소년들 스스로 합의를 통해 규칙을 만들 수밖에 없다. 너나 할 것 없이 동시에 떠들어대면 어 떤 합의에도 도달할 수 없을 것이므로, 소라고둥을 잡는 이가 발 언하기로 정해진다. 소년들 나름의 의회가 성립된 것이다. 이제 이 의회를 통해서 필요한 것들을 정해나가야 한다.

　의회를 통해서 소년들은 일단 리더를 정하고자 한다. 인간은 평등하니, 리더 같은 것은 필요 없다고? 생존이 위협받는 상황에 서 소년들은 시시각각 중요한 판단을 내려야 한다. 그러기 위해서 는 방향을 제시하고 추진할 인물이 필요하다는 것을 소년들은 곧 깨닫는다. 의지할 수 있는 어른 같은 건 없다. 그렇다면 누가 리더가 되어야 하나? 소년들은 직위, 나이, 물리적인 힘 등을 고려하여 랄프를 리더로 옹립한다.

리더를 정하기만 하면 만사형통일까? 리더가 있다고 해서 곧 질서가 생기는 것은 아니다. 인간은 고분고분한 존재가 아니다. 사실 인간이 천사라면 정치처럼 피곤한 일은 필요 없을 것이다. 천사가 아닌 존재들이 어떻게든 견딜 만한 공존의 질서를 모색하고 유지하는 일이 바로 정치다. 무인도에 표류한 소년들에게 닥친 시련은 경제적 시련이기 이전에 정치적 시련이다.

아니나 다를까, 나이나 체격에서 랄프와 비슷한 잭이 반기를 들기 시작한다. 소년들은 랄프와 잭을 중심으로 해서 두 정당, 아니 두 파벌로 갈라진다. 살이 쪘다고 놀림받는 소년 피기는 랄프를 돕는다. 피기는 매사를 토론을 통해 결정하고 싶어 한다. 피기와 랄프는 목전의 필요에 전전긍긍할 게 아니라 장기적인 대책을 가지고 자원을 운용해야 한다고 믿는다. 예컨대 해변 높은 곳에 모닥불을 피워 외부에 구조 신호를 보내야 한다.

랄프의 호전적인 경쟁자 잭은 당장의 필요에 부응하는 것이 능사라고 믿는다. 구조될 가능성은 희박하니, 이 섬에 정착해야 한다고 주장한다. 토론 따위는 시시하다며, 무기를 만들어 멧돼지 사냥에 나선다. 잭의 패거리는 외부에 신호를 보내기 위해서가 아니라 잡은 멧돼지를 구워 먹기 위해서 모닥불을 사용한다.

두 파벌이 그럭저럭 균형을 유지할 때는 큰 문제가 없었다. 결국 자원 배분 능력이 뛰어난 잭이 승기를 잡는다. 사냥에 능한 잭은 돼지고기라는 희귀 자원을 다른 소년들에게 배분할 수 있다. 잭의 파벌이 절대적 다수가 되자 문제가 악화하기 시작한다. 그들은 얼굴에 돼지피를 바르고 몰려다니며 랄프 패거리를 약탈한다. 급기야 말이 많은 소년 피기를 살해한다.

돼지고기를 먹게 해주고 반대자를 제거했다고 해서 정치가 순조롭게 흘러가는 것은 아니다. 불안한 소년들은 언제 분열할지 모른다. 랄프가 언제 기력을 회복해서 반기를 들지 모른다. 잭은 집단의 결속을 위해서 '공포'를 이용한다. 숲속에 괴물이 살고 있다고 선전하고, 부적 삼아 돼지머리를 괴물이 사는 숲에 세워둔다.

돼지머리는 곧 썩기 시작한다. 그 썩은 냄새를 맡고 파리들이 몰려온다. 마치 불나방이 가로등 주변을 에워싸듯이, 파리떼가 돼지머리 주변에 들끓는다. 썩어가는 멧돼지의 머리와 들끓는 파리들이야말로 〈파리 대왕〉의 내용을 압축하는 강렬한 이미지다. 파리떼처럼 자극에 반응하는 군집 상태만으로는 정치 공동체를 만들 수 없다. 성숙한 정치 공동체를 형성할 능력이 없는 파리떼는 정치적 문제를 해결하는 대신, 소수자를 찾아 나선다. 소수자를 악마화하고 공격하는 동안 그들은 자신들의 진짜 문제를 잊을 수 있다.

유일하게 남은 다른 목소리의 주인공 랄프가 그 공격 대상이다. 파리떼는 숲에 불을 질러 랄프를 궁지에 몰아넣는다. 필사적으로 도망친 랄프는 해변에서 지쳐 쓰러지고 만다. 더 갈 곳이 없는 그는 이제 죽어야 하나. 바로 그때 〈파리 대왕〉의 결말이 찾아온다. 랄프가 고개를 들자 거기 총을 든 해병대원이 무심하게 서 있다. 구조대가 도착한 것이다. 때마침 랄프를 쫓던 소년들이 나타난다. 돼지피를 바르고 창을 든 파리떼, 아니 소년떼를 보더니, 해병대원이 영문을 모르겠다는 듯 한마디를 던진다. "너네 뭐 하고 있는 거냐." 마치 인류 멸망의 순간에 지구에 도착한 신이 "인류, 너네 뭐 하고 있는 거냐"라고 묻듯이.

이것이 무인도 정치의 끝이다. 이 결말은 무엇을 의미하는가? 인간은 결국 바람직한 정치 질서를 창출하고 유지할 능력이 없다는 뜻인가. 결국 동료 인간을 해치고 만다는 뜻인가. 구원은 외부에서밖에 올 수 없다는 말인가. 대안은 '백마(白馬) 타고 오는 초인(超人)'을 기다리는 메시아적 정치뿐인가. 구조하러 온 외부인이 메시아라는 보장은 없다. 내부의 개판은 외부 개입을 정당화하는 법. 제국주의자들은 원주민의 자치(自治) 불가능성을 내세워 식민지를 개척하곤 했다.

어떻게 하면 이 어두운 결말을 피할 수 있을까? 일단 섬처럼 고립된 공간에 갇혀서는 안 된다. 폐쇄된 정치 공간에서는 각종 불의와 부패가 판치기 쉽다. 외부로의 연결과 소통을 유지하는 것이 정치 공동체의 건강을 유지하는 데 핵심적이다. 그리고 인간의 선의에만 너무 의존하는 것도 현명하지 않다. 현실의 인간은 언제 어떻게 폭력적인 존재로 타락할지 모른다. 그 타락을 막을 제도적 장치가 필요하다. 소년들의 의회가 무너졌을 때, 갈등은 폭력으로 치닫기 시작했다. 정책에 대해 기꺼이 말로 설명하기를 기피했을 때 사태는 악화되었다. 갈등을 비폭력적으로 해결할 수 있는 제도적 장치가 필요하다.

〈파리 대왕〉의 주인공들이 모두 아이들이라는 점도 시사적이다. 제대로 된 시민이 되기 위해서는 유아적으로 행동하기를 그치고 정치적 덕성을 함양해야 한다. 독일의 철학자 테오도어 아도르노가 말한 것처럼, 미성숙한 인간들로는 민주주의가 제대로 작동하지 않을 것이다. 그러나 시민의 성숙과 덕성을 지나치게 강조하다 보면 어느덧 다수의 지배라는 민주주의 원칙을 버리고 현자의 인자한 독재에 기대게 될지도 모른다. 그렇게 되지 않으려면 권력의 전횡을 제어할 제도적 장치가 필요하다.

이 모든 것이 어느 한순간 일시에 이루어지는 것은 아니다. 제도, 덕성, 리더십, 권력, 권력의 감시, 소통 등 제반 요소가 균형을 이룰 때 가까스로 바람직한 정치가 이루어진다. 그 균형도 시간이 흐르면 다시 허물어지기 시작한다. 심신의 건강에도 일상의 관리가 핵심이듯이, 정치 공동체의 건강에도 일상적 관리가 핵심이다. 어느 정점에 도달했다고 해서 방심해도 좋은 것이 정치는 아니다. 건강이든 정치든, 늘 적절한 자극을 통해 활력을 유지하고, 활력의 적절한 배분을 통해 균형을 유지해야 하는 하염없는 과정이다. 정치는 우리 곁을 떠나지 않는다.

Harry Hook, Lord of the Flies, 1990. ©IMDB

욕망과 목표가 있을 때
권력은 존재하게 되어 있다

——

권력

권력(power)이란 무엇인가? 권력이란 뭔가를 해내기 위해 발휘하는 그 모든 것이다. 군사력, 경제력, 정신력, 정치력, 매력, 지력, 자제력, 드립력……. 이 모든 것이 권력이다. 행(幸)인지 불행(不幸)인지, 인간은 태어나고, 태어나면 가만히 있지를 못한다. 울고, 토하고, 기어 다니고, 잡아당기고, 방 안을 어지럽히고, 그러다가 급기야는 중장기적인 목표를 가지고서 자기 삶의 만족도를 높이고자 분투한다. 그리고 그 실현 방안을 진지하게 모색한다. 이 모든 과정에서 권력이 동원된다. 즉 욕망과 목표가 있으면 권력은 존재하게 되어 있다.

모든 권력을 싫어한다는 말은 모든 욕망을 무시한다는 말이며, 모든 욕망을 무시한다는 것은 삶을 혐오한다는 것이다. 권력은 권력이 없었으면 가능하지 않았을 여러 일을 가능하게 한다. 사람은 종종 목표를 지향하고, 그 목표는 권력의 행사를 통해 달성된다. 아무것도 도모하지 않을 수 있는 사람이 있을까. 세속을 초월하려고 드는 선사(禪師)도 해탈을 도모한다. 마음의 고요를 얻기 위해서도 마음의 파도를 잠재우는 어떤 나직한 힘이 필요하다. 정말 아무것도 도모하지 않겠다면 어딘가 조용히 숨어서 자신의 멸종 소식을 기다려라.

권력을 싫어하거나 좋아하기 이전에 권력과 더불어 살아야 하는 것이 인간의 숙명이다. 이 세상이 현상대로 유지되기를 원하는가? 그렇다면 권력이 필요하다. 현상의 변화를 원하는가? 그렇다면 권력이 필요하다. 사무실이 현상대로 유지되기를 원하면 주기적으로 청소를 해야 하고, 청소기를 돌리려면 동력이 필요하다. 거실의 탁자 배치를 바꾸려면 탁자를 들어 옮겨야 하고, 탁자를 들려면 힘이 필요하다.

혼탁한 정치판을 바꾸기를 원하는가? 그렇다면 권력이 필요하다. 따뜻한 이불 속에서 철저한 개혁이라고 중얼거려본들 정치판은 변하지 않는다. 권력이 있어야 소망하는 변화를 꾀할 수 있다. 사람들이 애써 선거를 치러 리더를 선출하는 것도 누군가는 싫어할 수 있는 권력을 창출하는 작업이다. 그러한 과정을 통해 권력을 창출하지 않으면 많은 일을 도모할 수 없다. 방역도 해낼수 없고, 백신도 만들 수 없고, 치안도 유지할 수 없다. 권력을 집중하지 않으면 도대체 해낼 수 없는 것들을 해내기 위해 분산된 권력들을 그러모아 집중시킨다.

많은 이들이 권력을 혐오한다고 말한다. 그렇다, 권력은 자주, 그것도 너무 자주 혐오할 만하다. 그러나 권력이 세상에 없어도 되는 것처럼 혐오하는 것은 삶 자체를 혐오하는 일과 다르지 않다. 누군가 말한다. "난 권위도 싫고 권력도 싫고 권좌도 싫고 권세도 싫고 권력욕도 싫고 권력자도 싫어. 나는 그 '권' 자 들어가는 것들은 다 싫어. 사람은 다 평등해. 서로를 사랑해야 해." 이 얼마나 아름답고 달콤한 말인가. 달콤한 나머지 이빨이 썩을 것 같다. 아마 그는 권능도 싫고 권한도 싫고 권한대행도 싫을 것이다. 그뿐인가. 어쩌면 권익도 싫고 권리도 싫고 권리장전도 싫고 권고도 싫고 권고사직은 당연히 싫고 권투도 싫고 권투선수도 싫고 권불십년(權不十年)도 싫고 권선징악도 싫고 권장 사항도 싫고 권역외상센터도 싫을지 모른다.

권력이 싫다는 말은 아름다운 말이지만 권태로운 말이다. 그렇게 말한다고 해서 권력이 없는 세상이 도래할 것도 아니고, 지금 권력이 없는 사람에게 권력이 주어질 것도 아니고, 심지어 그렇게 말하는 사람이 평소에 권력에 치열하게 저항하며 사는지조차도 알 수 없다. 오히려 현재 권력 없는 사람을 영원히 권력으로부터 멀어지게 만들지도 모른다. 저토록 아름다운 말을 반복하다가는 지력이 권태기에 빠질 위험이 있다. 권력이 싫다는 말만 가

Alfred Eisenstaedt, The construction of George Washington section of
Mt. Rushmore Monument, circa 1941. ©LIFE

지고는 현 권력자를 혐오하는 것인지, 자신이 권력을 가지고 싶다는 말인지, 그것도 아니면 권력 자체를 냉소하는 것인지 정확히 알 수 없다.

권력을 냉소할 수 있는 것도 권력이다. 권력이라는 엄청난 상대를 두고 차갑게 웃을 수 있다는 것은 이미 어떤 권력을 발휘한 결과다. 권력이 진짜 없는 사람은 권력에 대해 냉소하기도 어렵다. 권력이 없다는 것은 당장 어떤 것을 도모하기도 어려운 힘겨운 상태라는 말인데, 어떻게 권력을 냉소할 수 있단 말인가. 그런 이들은 최저선의 삶을 영위해나가는 것도 힘겹기 때문에 권력을 냉소하기보다는 권력을 갈망하기 쉽다. 일정한 권력이 있으면서 권력에 대해 냉소를 퍼붓는 일은 자신을 애써 약자로 위치시키는 행위에 가깝다.

평소 권력은 잠자고 있다가 결정적인 순간에만 행사된다고? 그렇다면 인간사 매 순간이 결정적이다. 삶에서 권력을 소거할 수 없다면 결국 권력과 더불어 사는 법을 익혀야 한다. 권력의 편재(遍在)를 인정하되, 권력과 더불어 사는 방법에 대한 고민은 오늘날에만 있었던 것은 아니다. 조선시대의 문인 조찬한(趙纘韓)은 이렇게 쓴 적이 있다. "사납게 굴지 않았는데도 백성들이 잘 따랐으니 우아하지 않습니까. 얽어매지 않았는데도 백성들이 스스로 복종했으니 단정하지 않습니까. 자리를 맡았을 때는 직무에 충실하고 자리에서 물러났을 때는 백성들을 생각했으니, 바탕과 겉멋

이 잘 조화를 이루지 않습니까."

　조찬한은 권력을 행사하는 사람의 관점에서 말한다. 거칠게 권력을 행사하지 않았음에도 일정한 통치 효과가 있었음을 찬탄한다. 실로, 권력은 권력자가 섣불리 권력을 휘두르는 순간부터 빛을 잃기 시작한다. 손에 권력이 있다고 해서 무례하게 굴면 조만간 줄어들기 시작하는 것이 권력이다. 날것으로 과시하면 결국 훼손되기 마련인 것이 권력이다. 폭력조차도 폭력을 진짜 휘두르기 전에 가장 강하다. '잠룡'은 아슬아슬하게 잠수하고 있을 때 가장 매력적인 법이다. 권력을 권력의 칼집에 넣어둘 수 있는 역량이 권위를 낳는다. 권력자가 자신을 낮출 때 비로소 권위를 선물로 받는다. 권위는 권력의 가장 말랑말랑한 형태다. 권위는 권력자가 권력을 휘두르지 않는 순간 발생한다.

　선생의 권위는 어떤가? 교학(敎學)의 관계는 형식상 완전히 평등하기 어렵기 때문에 일정한 권위가 요청된다. 누군가 살며시 다가와 "당신의 스승이 되고 싶어요"라고 수줍게 귓속말을 하면 경계해야 한다. 권력 혹은 권위가 개재될 사안이기 때문이다. 사제지간도 아닌데, 아무나 붙잡고 가르치는 말투를 시전하면 상대가 갑자기 토하곤 하는데, 그것은 권력의 냄새를 맡았기 때문이다.

　프랑스의 작가 알베르 카뮈는 운 좋게도 자신의 스승 장 그르니에와의 관계에서 권위가 긍정적으로 작동하는 체험을 한 것 같다. 장 그르니에의《섬》의 서문에서 자신의 스승을 찬미하며 카뮈는 이렇게 말한다. "이 장기간에 걸친 교류는 예속이나 복종을 요구하는 것이 아니라 다만 가장 정신적인 의미에서의 모방을 야기한다. ……인간의 역사는 다행히도 증오 못지않게 찬미의 바탕 위에도 건설되는 것이다." 아마 장 그르니에는 가르치는 자의 권위를 잘 행사한 사람이었고, 카뮈는 그 권위의 세례를 자신의 자양분으로 삼은 행운아였던 것 같다. 카뮈의 서술에서는 이제 탈성역화할 영역이 별로 남아 있지도 않은 한국 사회에서 기대하기 어려운 성스러운 고양감마저 감돈다.

그러나 모두가 장 그르니에나 카뮈인 것은 아니다. 강자는 대개 권력 행사에 서툴고, 약자는 권력에의 저항에 서툴다. 폭력을 행사한다고 해서 상대가 마음 깊이 복종하는 것도 아니고, 한껏 무례하게 군다고 해서 권위주의가 타파되는 것도 아니다. 원치 않는 권력에 저항해야 하는 사람은 어떻게 해야 하나. 비슷한 사람들을 광범위하게 조직화할 수 있다면, 권력에 대한 저항도 쉬울 것이다. 그렇게 조직할 수 있다는 것 자체가 이미 일정 정도 권력을 가졌다는 말이다. 조직화의 역량 자체가 없는 사람은 어떻게 해야 하나. 권력자의 힘을 과장하지 않는 데서 시작해야 한다. 권력자의 힘은 늘 한계가 있다. 자신이 가진 힘 이상으로 상대가 두려워하는 것이야말로 권력자가 원하는 바이며, 그렇게 정도 이상으로 두려워하게 만드는 것이야말로 권력의 작동이다. 권력은 약자로 하여금 권력의 증강 현실을 체험하게 한다.

하드 파워와 소프트 파워

—

권력자의 꿈

사회과학 용어 중에 소프트 파워(soft power)와 하드 파워(hard power)라는 것이 있다. 따지고 들자면 꽤 복잡한 뜻과 용례를 가진 개념이지만, 거칠게는 다음과 같이 정의할 수 있다. 하드 파워는 강제적인 수단을 통해 상대에게 영향을 끼치는 역량이고, 소프트 파워는 비강제적인 수단을 통해 상대에게 영향을 끼치는 역량이다.

아직 서로 간의 우위가 정해지지 않았을 때 혹은 딱히 공존을 위한 질서라고 부를 만한 것이 없을 때, 사람들은 종종 하드 파워에 의존한다. 즉 싸움박질을 해대는 것이다. 특히 생존을 위한 재화가 한정되어 있을 때, 혹은 상대가 자신에게 치명적인 위협이 된다고 판단될 때, 사람들은 기꺼이 전쟁에 돌입한다. 다시 말해

배는 고프고 빵은 한 덩어리에 불과할 때, 사람들은 그 빵을 차지하기 위해 총칼을 들곤 한다.

19세기 중반 뉴욕을 배경으로 한 영화, 마틴 스코세이지 감독의 〈갱스 오브 뉴욕〉은 토착 갱들과 아일랜드 갱들 간에 벌어진 피비린내 나는 헤게모니 싸움을 실감나게 묘사한다. 요즘 뉴욕 거리에서는 보기 힘들 도끼질과 칼질이 당시에는 난무했다. 이게 어디 뉴욕만의 일이었겠는가. 20세기 전반 종로의 패권을 두고 벌어졌다는 김두한 대 구마적의 한판 대결을 생각해보라. 그 전설의 싸움은 한국 영화나 드라마의 단골 소재여서 한 번쯤 그에 대해 들어보지 못한 사람이 드물다.

아드레날린이 분비되는 이 하드 파워의 격돌을 찬양하는 사람들도 있다. 국가 간의 전쟁이든, 개인 간의 싸움이든, 절체절명의 위기에 처한 이는 대개 자신의 최고 역량을 뽑아내려 들기 때문이다. 2020년 한 해 동안만 일본에서 8000만 권이 팔린 만화《귀멸의 칼날》에서 무사들은 자신을 향상시키고자 강적과 목숨을 건 싸움을 마다하지 않는다. "죽음의 문턱을 슬쩍 엿본 생물은 더욱 강해진다. 죽음을 회피하기 위해 평소에는 쓰지 않았던 감각과 힘의 문이 열리는 것이다."

싸움의 전리품은 승자의 것이다. 싸움에서 이긴 이들은 권좌에 오르고 영광된 순간을 기록한다. 패배한 자는 오욕의 기억과 함께 사라진다. 종로의 싸움에서 승리한 김두한은 권좌에 오르지만 패배한 구마적은 쓸쓸히 종로 거리를 떠난다. 승자라고 해서 마냥 싸움질이 좋기만 한 것은 아니다. 싸움질은 피곤하고 힘들다는 치명적인 단점이 있다. 절세의 주먹 김두한인들 날이면 날마다 싸우고 싶겠는가. 평생 매일 결투를 벌여야 한다면 피곤해서 견딜 수 없을 것이다. 어렵게 쟁취한 권력을 누려볼 여가조차 없을 것이다. 매일 싸우다가 자칫 지기라도 하면 어쩌란 말인가. 어렵사리 이겼을 때 그 여세를 몰아 자신의 승리를 공고히 해둘 필요가 있다.

어떻게 하면 매일 싸우지 않고도 자신의 승리를 공고히 할 수 있을까. 싸움박질에 걸어야 하는 목숨, 자유, 권리 같은 것들은 다 가격이 비싼 것들이다. 경제적 동물로서 인간은 비용과 편익의 면에서 에너지 사용의 최적화를 추구한다. 어떻게 하면 적은 비용과 에너지로 같은 결과를 얻을 수 있을까? 아마 그래서 김두한은 자신이 독립운동가 김좌진 장군의 아들이라는 '사실'을 유난히 널리 알리고 다녔는지 모른다. 사람들이 존경하는 독립운동가의 후손이라는 점은 김두한에게 함부로 넘볼 수 없는 광휘를 선사한다. 그 광휘로 인해 사람들이 알아서 복속해준다면, 김두한은 구태여 매일 싸움을 하지 않아도 우두머리 자리를 유지할 수 있다. 그리하여 김두한의 출생 배경은 이른바 이데올로기가 된다.

이데올로기는 총칼처럼 강제력을 가진 게 아니라 사람들의 흠모를 끌어내는 매력을 가졌다는 점에서 소프트 파워다. 이 소프트 파워가 없었다면 김두한은 한때의 주먹왕으로만 기억될 뿐 드라마의 단골 소재로 등장하기는 어려웠을 것이다. 김두한의 소프트 파워로 인해 김두한과 싸워보지 못한 그리고 앞으로도 싸울 일이 없는 이들마저도 김두한의 위상을 인정하기 시작한다. 그러다 보면 어느새 김두한의 우두머리 입지는 당연한 것이 된다.

소프트 파워로 자기 입지를 다졌다고 해서 그 입지가 영원한 것은 아니다. 비용을 줄이기 위해 하드 파워의 강자가 소프트 파워에 의존한 결과, 기존의 약자는 새로운 기회를 포착할 수 있다. 주먹질이라는 하드 파워로는 도저히 김두한에게 상대가 되지 않았을 약자들도 이제 소프트 파워를 통해 역전극을 노려보는 것이다. 자기도 집에 돌아가 족보를 뒤져 김좌진 장군 못지않은 그럴싸한 조상을 찾아보는 것이다. 운 좋게 만주에서 김좌진 장군을 가르친 적이 있는 당숙이라도 찾아낸다면 그만큼 그의 위상도 올라갈 수 있다. 아버지를 영광스럽게 회고하는 두목 김두한에게 자기 당숙 이야기를 꺼내볼 수 있다. 이런 식으로, 소프트 파워는 '약자의 무기'가 된다.

오늘날 멀쩡한 국가라면 정부가 폭력을 독점한다. 적어도 법제상으로는 돈이 많다고 혹은 권세가 드높다고 사병(私兵)을 쓸 수는 없다. 정부가 물리적인 폭력을 독점하게끔 되어 있는 현대 국가에서 사람들은 이제 너나 할 것 없이 어느 정도는 소프트 파워를 사용한다. 회식 자리에서 힘으로 상대를 제압하고 자기 마음대로 메뉴를 선택하는 시대는 지났다. 왜 하필 저 음식을 주문하는 것이 좋은지를 상대에게 납득시켜야 한다. "오늘 회식은 삼겹살로 통일한다!"라고 외치며 주먹을 휘두르면 사람들은 회식 자리에서 박차고 떠나버릴 것이다.

맛에 관해 권위를 획득하고 있는 사람, 저이가 시키는 음식은 늘 맛있더라는 명성을 축적해온 사람이 완력이 센 사람보다 식탁에서 영향력이 있다. 실제로 나는 음식 주문에 관한 한 놀라운 소프트 파워를 가진 사람을 한 명 알고 있다. 그는 자기 음식 주문을 알아서 할 뿐 아니라 내 음식 주문에도 막강한 영향력을 행사한다. 이게 제철 음식인데, 이게 혈액순환에 좋은데, 이게 감칠맛이 있대. 그런 이야기를 듣다 보면 어느덧 그가 먹고 싶은 것을 주문하고 있는 나 자신을 발견하게 된다. 막상 먹어보아도 결과적으로 맛이 있으므로, 나도 그의 주문에 큰 불만을 갖지 않게 된다. 실로 그는 식탁의 지배자다.

음식 주문에 막강한 영향력을 행사한다는 점에서 그는 '인플루언서'다. 그가 식탁의 인플루언서가 될 수 있었던 것은 그의 어머니 요리 솜씨가 뛰어나다는 사실도 작용하지만 궁극적으로는 그의 주문 결과가 대체로 성공적이었다는 기억이 큰 몫을 한다. 음식 주문에 관한 제반 사항을 그에게 외주를 주고 나면 주문에 써야 할 내 에너지도 절약할 수 있다. 그뿐이랴. 시킨 음식이 맛이 없으면 그 사람 탓을 하면 된다. 현대인들은 남의 탓 중독자들이 아닌가. 일이 잘못되었을 때 남 탓을 못하게 하면 그만 돌아버리는 사람들이 종종 있다. 인플루언서는 그 소중한 남 탓을 하게끔 해준다.

궁극의 인플루언서는 전문성이 있어서 인플루언서가 되는 게 아니라 인플루언서이기 때문에 인플루언서가 된다. 이 단계가 되면 그는 명함에 자신의 전문 분야를 적는 대신에 그냥 인플루언서라고 적으면 된다. 그가 시킨 음식은 맛이 있기에 인플루언서가 되는 게 아니라 그가 시킨 음식이기에 그 음식이 맛있게 느껴진다. 궁극의 달변가는 달변을 통해 그가 달변가라는 사실을 증명하지 않아도 된다. 그가 어눌하게 말하면, 진정한 달변이란 눌변을 포함하기 마련이라고 달변의 정의가 바뀌게 된다.

이래서 소프트 파워는 약자의 무기일 뿐 아니라 강자가 추구하는 바이기도 하다. 강자는 자신이 파워를 가지고 있기에 영향력을 발휘하는 게 아니라 자신이 파워로 여겨지기에 영향력을 발휘하게 되는 경지를 꿈꾼다. 그가 단순히 파워를 가진 것이 아니라 그가 파워의 동의어가 되고 나면 그는 따질 것 없이 그저 동경의 대상이 된다.

그래서 정치는 파워를 지향하고, 파워는 소프트 파워를 지향하고, 소프트 파워는 생각 없음을 지향한다. 진짜 소프트 파워는 먹음직스러운 소프트 아이스크림과 같다. 저걸 왜 먹어야 하는지 생각할 필요도 없다. 혹은 생각할 틈이 없다. 당신은 이미 먹고 있으니까! 다 먹고 나서 제정신이 돌아온 뒤에야 자신이 왜 먹을 수밖에 없었는지 비로소 자신을 설득하기 시작한다. 정당화는 소프트 아이스크림 제조업체의 몫이 아니라 소비자의 몫이다. 마치 궁극의 정치적 정당화가 권력자가 아니라 추종자의 몫인 것처럼. 소프트 아이스크림은 정말 정신 건강에 좋아. 다이어트는 내일부터 하면 되는 거야!

Louis Tocqué, Frederick Michael of Palatinate-Zweibrücken, circa 1745.

완벽한 수박밭을 보다

———

국가

그림책《앙통의 완벽한 수박밭》을 펼치면, 바둑판처럼 질서 정연한 수박밭 한가운데 농사꾼 앙통이 우두커니 서 있다. 그의 주변에는 잘 익어 탐스러운 수박이 가득하건만, 앙통은 세상을 다 잃은 듯 좌절한 모습이다. 누군가 수박 한 통을 훔쳐 갔기 때문이다. 단순히 수박 한 통이 사라졌다는 문제가 아니다. 그 일만 아니었으면 완벽했을 앙통의 수박밭이 완벽해지지 못한 것이다. 앙통은 수박 한 통을 잃은 것이 아니라 완벽한 수박밭을 잃은 것이다.

잘 익어 탐스러운 수박이 들판에 가득하건만 앙통의 눈길은 수박 한 통이 사라진 그 빈자리에만 머문다. 그럴 만도 하다. 뭔가 공들여 키워본 사람이라면 그 상실감을 이해할 것이다. 어떤 경제학자는 앙통이 매몰 비용(sunk cost), 즉 이미 지출되었으나 회수

할 수 없는 비용을 아쉬워하는 중이라고 생각할지 모른다. 그러나 그것만으로는 앙통의 좌절을 다 설명하지 못한다. 앙통은 그토록 원하던 '완벽함'을 잃어버린 것이다.

아무래도 앙통은 사라진 그 수박에 대한 집착을 거둘 수 없다. 이루지 못한 사랑은 더 아쉬운 법. 잃어버린 것은 더 소중한 법. 그 잃어버린 수박은 앙통의 마음속에서 점점 커져만 간다. 너무 커진 끝에 그림책 밖으로 터져나갈 것만 같다. 옛 그림에서는 원근법을 무시해버리고, 중요하다고 판단한 대상을 크게 그리곤 했다. 이를 테면 왕은 신하나 백성보다 크게 그려지곤 했다. 작가 마리옹 뒤 발은 마침내 그림책 한 페이지 가득히 그 잃어버린 수박을 그려 넣는다.

이제 이 수박은 더 이상 현실의 그 수박이 아니다. 앙통의 상상 속 수박이다. 그 수박은 시간이 갈수록 점점 더 탐스럽고 맛있는 수박으로 변한다. 잃어버렸기에 더 탐스럽고, 더 맛있고, 더 아삭 아삭했을 거라고 여겨지는 것이다. 앙통은 마침내 꿈을 꾼다. 꿈 속에서 마침내 그 수박을 훔쳐 간 사람을 만난다. 그 사람은 다름 아닌 앙통 자신이었다. 꿈속에서 앙통은 세상에서 가장 맛있는 그 수박을 게걸스럽게 먹고 있다.

꿈에서 깬 앙통은 마침내 수박밭을 밤새 지키겠다고 결심한 다. 불철주야 국토를 지키는 정부처럼 앙통은 밤을 새워 수박밭을 지키려고 한다. 범죄를 예방하는 경찰처럼 앙통은 잠을 자지 않고 앙통의 완벽한 수박밭 © 코린 로브라 비탈리 글, 마리옹 뒤발 그림, 그림책공작소, 2021.

수박밭의 질서를 수호하려고 한다. 그러나 관리자 앙통은 지쳐간다. 아무리 수박밭을 질서 정연하게 지키고 싶어도 그 넓은 수박밭을 다 지킬 여력이 없는 앙통. 피곤한 앙통이 마침내 잠들자 어디선가 길고양이들이 나타난다.

고양이들은 소유물을 지키기 위해 밤을 새우는 것보다 훨씬 더 재미있게 밤을 보내는 법을 알고 있다. 고양이들은 질서 정연하게 줄을 잇고 있는 앙통의 수박들, 농기구들, 씨앗들, 그리고 심지어 앙통의 집착마저도 다 뒤죽박죽으로 만들어버린다. 그림책 속에서 수박은 땅에 박혀 있지 않다. 볼링공처럼 지상을 질주할 뿐 아니라 심지어 하늘로 날아다니기까지 한다. 앙통이 국가처럼 수박밭에 질서를 부과했다면, 고양이들은 예술가들처럼 그 질서를 가지고 논다.

다음 날 아침, 잠에서 깨어난 앙통은 난장판이 된 수박밭을 본다. 그런데 이상하게도 수박들이 그 어느 때보다도 싱싱해 보이는 것이 아닌가. 더 놀라운 것은 그 잃어버린 수박의 자리가 어디였는지조차 이제 알 수 없게 되었다는 사실이다. "제 위치"라는 말을 할 수 없게끔 수박밭이 자유로워져버렸기 때문이다. 사라진 수박의 빈자리가 그토록 크게 느껴졌던 것은, 다름 아니라 수박이 질서 정연하게 배치되어 있었기 때문이 아닐까. 그 상실감은 어쩌면 사물의 '배치' 문제였는지도 모른다.

정치 인류학자 제임스 스콧에 따르면, 국가는 질서를 욕망한

앙통의 완벽한 수박밭 © 코린 로브라 비탈리 글, 마리옹 뒤발 그림, 그림책공작소, 2021.

다. 역사상 국가 대부분은 통치를 잘 해내기 위해서 통제에 적합한 공간의 배치를 만들어왔다. 아무리 의도가 선해도 그런 시도는 완전히 성공하기 어렵다. 스콧의 말을 증명이라도 하듯, 당나라 수도 장안은 바둑판처럼 격자형 구조로 만들어졌고, 일본의 옛 수도 교토도 바로 그 장안을 본받아 도시계획을 했다.

그러한 교토의 거리에도 길고양이들이 배회하듯이, 아무리 국가가 일탈 없는 질서를 꿈꾸어도 결국 그 안에서는 자유로운 예술가들이 자라난다. 집사의 관리 욕망에 무심한 고양이들처럼, 예술가들은 창의적인 일탈을 통해서 효율적이지만 답답한 구조에 구멍을 낸다. 그러면 국가와 예술은 끝내 적대적일 수밖에 없는 것일까. 꼭 그렇지는 않다. 《앙통의 완벽한 수박밭》에서 결국 앙통의 근심을 구제하는 것은 고양이다.

예술은 '완벽'이라는 말을 재정의함으로써 국가를 구제한다. 《앙통의 완벽한 수박밭》은 국가의 열망, 관리 욕망, 관리로부터 벗어나려는 고양이의 본능, 탈주하려는 예술적 충동을 차곡차곡 그려 넣은 뒤, 마침내 '완벽'이라는 말을 재정의한다. 《앙통의 완벽한 수박밭》의 마지막 페이지. 난장판이 된 수박밭을 보며 앙통은 말한다. "수박밭은 지금 그 어느 때보다 완벽하다."

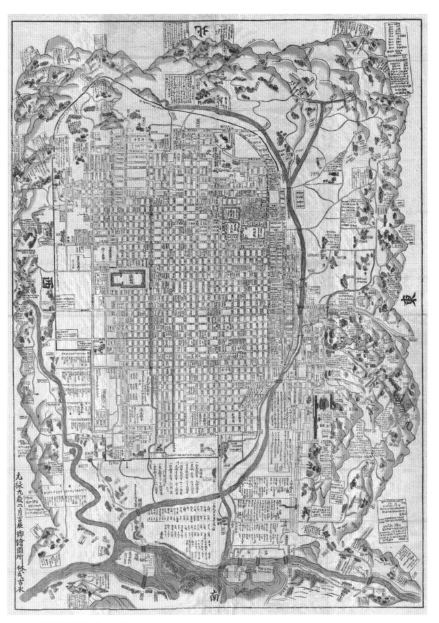

不明, 元禄九年京都大絵図, 1696.

허구와 함께 살아가는 법

국민주권

세상은 악업(惡業)과 고통으로 가득하고, 삶은 종종 불쾌하다. 계속 살아가기 위해서는 무엇인가 필요하다. 오스트리아의 작가 로베르트 무질이 그랬던가, 삶은 불쾌하므로, 담배를 피워야 견딜 수 있다고. 비흡연자들도 희망이라는 이름의 구름과자가 없으면 삶을 견디기 어렵다. 흡연자들이 주기적으로 담배 연기를 삼키듯이, 비흡연자들도 간헐적으로 희망이라는 구름을 삼킨다. 스스로 삼킨 희망에 기대어 사람들은 또 하루를 살아간다. 희망이라는 허구가 없었다면 오늘도 또 하루가 갔다는 평범한 우울감을 견디지 못했을지 모른다.

연애 감정은 쉽게 휘발하고, 인간관계는 자칫하면 불쾌해진다. 관계를 지속하기 위해서는 무엇인가 필요하다. 철없던 시절의 여자친구가 그랬던가, 모든 관계는 불쾌하므로, 사랑을 해야 견딜 수 있다고. 철든 사람들도 사랑이라는 이름의 허구가 없으면 관계를 유지하기 어렵다. 흡연자들이 주기적으로 담배 연기를 삼키듯이, 사람들은 허겁지겁 "사랑해?"라고 묻고 "사랑해"라고 대답한다. 밀어(蜜語) 속에서나 간신히 존재하는 사랑에 기대어 사람들은 또 하루 더 관계를 지속시킨다. 통계청이 발표한 〈2019 한국의 사회지표〉에 따르면, 성인 응답자(19~69세) 가운데 "외롭다"고 느끼는 비중은 작년에 비해 4.5%포인트 증가했다. 사랑이라는 허구가 없다면 사람들은 외로운 나머지 그만 돌아버릴지 모른다.

며칠만 청소를 안 해도 집이나 마음이나 모두 먼지투성이가 되어버린다. 아무리 봐도 세상에 자기만큼 억울한 사람이 없는 것 같다. 세상에 공정함이란 없는 것 같다. 거듭되는 불운에도 불구하고 윤리 감각을 유지하려면 무엇인가 필요하다. 러시아의 소설가 도스토옙스키가 그랬던가, 만약 신이 없다면 모든 것이 허용될 거라고. 제도권 종교의 신자가 아닌 사람도 때로 "하느님은 당신을 사랑하십니다"라는 현수막을 응시한다. 〈2019 한국의 사회지표〉에 따르면, 성인 응답자 가운데 "아무도 나를 잘 알지 못한다"고 생각하는 비중이 5.4%포인트 증가했다. 신의 시선이라는 '허구'가 없다면, 인간은 결국 타락해버릴지 모른다.

선거가 끝나고 며칠만 지나면, 보통 사람들의 정치적 효능감은 바닥을 치기 시작한다. 오늘도 권력이 결핍된 많은 사람들이 내면의 고함을 지르며 거리를 걷는다. "너, 나 무시하는 거냐!" 아무도 경청하지 않기에 모두가 확성기를 드는 거리에서 정치적 주체로 살아가기 위해서는 무엇인가 필요하다. 대한민국 헌법 제1조가 그랬던가, "주권은 국민에게 있고, 모든 권력은 국민으로부터 나온다"고. 국민주권(popular sovereignty)이라는 허구가 있어야 정치적 소외감을 견딜 수 있다. 주권은 흡연과도 같다.

태어난 이상 살아가야 하고, 살아가는 한 타인과 관계를 맺을 수밖에 없다. 관계를 맺는 이상 정치체에 속하지 않을 수 없고, 정치체에 속하는 한 누군가에게 다스려지지 않을 수 없다. 피치자(被治者)는 늘 다수이고, 치자(治者)는 늘 소수이기 때문에. 스코틀랜드 출신의 사상가 데이비드 흄은 결국 소수가 다수를 다스리게 되는 현상은 정말 놀랍다고 말한 적이 있다. 실로 놀랍지 않은가. 다수가 소수보다 분명 강할 텐데, 그 강한 다수가 결국 소수의 지배를 받는다. 정치적 허구(political fiction)가 그 놀라운 일을 가능하게 만든다. 왕의 권력은 신으로부터 왔다는 왕권신수설(王權神授說)의 허구가 있었기에 많은 사람들이 왕의 명령을 따랐었다.

왕의 목을 베고, "국민의, 국민에 의한, 국민을 위한 정부"를 세워도 사정은 크게 다르지 않다. 권위의 원천이 종묘사직(宗廟社稷)에서 국민으로 바뀌었다고 해서 모두가 정말 정치의 주인이 된 것은 아니다. 신이 아니라 국민이 정부를 세웠다는데도 여전히 다스리는 사람은 소수이고 다스림을 받는 사람은 다수다.

국민이 다스린다기보다는 국민이 뽑은 소수의 대표가 다스린다. 정치체의 규모가 일정 정도 이상이 되면 이와 같은 대의정치는 불가피하다.

역사가 에드먼드 모건(Edmund S. Morgan)이 보기에, 주권이 왕에게 있다는 말만큼이나 주권이 국민에게 있다는 말도 허구다. 국민주권이라는 허구로 인해서 사람들은 자신이 통치받는 게 아니라 대리인을 통해 통치를 하고 있다고 믿는다. 마치 사랑이라는 허구로 인해서 자신의 복종이 타율적이 아니라 자율적인 것으로 여겨지는 것처럼. 한용운은 자율적인 복종에 대해 다음과 같이 노래한 적이 있다. "복종하고 싶은데 복종하는 것은 아름다운 자유보다도 달콤합니다, 그것이 나의 행복입니다."

현대의 대의정치를 유지하기 위해서 국민주권이라는 허구가 필요한 것처럼, 인간이 삶을 지탱하기 위해서는 여러 가지 허구가 필요하다. 성욕을 매개로 번식을 거듭하던 존재가 기어이 사랑이라는 픽션을 만들어냈듯이, 비루함으로 가득 찬 세속에서 기어이 신성(神性)을 발명해냈듯이, 허구는 삶으로부터 도피하기 위해 필요한 것이 아니라 삶을 지탱하기 위해 필요하다. "바꿀 수 없다면 사랑하라," "피할 수 없으면 즐기라"는 말이 있듯이, 인간의 삶이 허구를 버릴 수 없다면 허구와 더불어 사는 법을 익혀야 한다.

허구는 사실은 아니지만, 그렇다고 단순한 거짓말이나 궤변에 불과한 것은 아니다. 허구는 삶의 필요가 요청한 믿음의 대상이다.

Dante Gabriel Rossetti, Pandora, 1871.

허구를 즐기기 위해서는 허구를 믿어야 한다. 소설이나 영화와 같은 픽션도 그렇지 않던가. 보고 읽으며 울고 웃기 위해서는 그 이야기의 진위를 따져 묻기를 그만두고 일단 이야기의 전개를 받아들여야 한다. 그 이야기의 세계를 '마치 그러한 것처럼' 받아들이고 그 속을 유영(遊泳)해야 그 허구를 즐길 수 있다. 허구를 믿고 즐기는 것이야말로 허구와 더불어 살기 위한 첫 번째 방법이다.

허구가 허구에 불과하다는 것을 알면서도 허구를 믿을 수 있다. 미천한 인간 세계에는 사랑이 존재하지 않는다는 것을 알면서도 사랑을 할 수 있는 역설이 바로 여기에 있다. 인간이 쓰레기라고 생각하는 사람도 길을 가다가 어떤 압도적인 귀여움과 마주치면 가끔 인간이 쓰레기라는 사실을 잊기도 하는데, 그것을 사랑이라고 부르고, 오늘도 계속 살아갈 힘을 얻는다. 국민주권이라는 것이 결국 허구에 불과하다고 여기면서도 국민주권설을 믿음으로써 정치 질서를 유지할 힘을 얻는다. 국민주권설을 받아들여야 비로소 개개인 모두가 치자가 되겠다고 나서는 무질서를 막을 수 있다. 모두가 정말 치자가 되어버린 세계는 무정부 상태다.

허구와 더불어 사는 또 하나의 방법은 허구를 사실로 혼동하지 않는 것이다. "주권은 국민에게 있고 모든 권력은 국민으로부터 나온다"지만, 국민 각자의 입지는 다르다. 국민주권설은 국민 개개인 모두를 통치자로 만들기 위한 마법이 아니라 소수의 통치자가 국민 전체로부터 권력을 위임받았다고 자임하기 위한 허구다. 에드먼드 모건이 역설했듯이, 국민주권이라는 픽션은 다수가 다수를 다스릴 때나 다수가 소수를 다스릴 때 필요한 것이 아니라 소수가 다수를 다스리려 할 때 필요하다.

따라서 국민의 주권을 운운하는 사람이 곧 국민이 뜻하는 대로 행동하리라는 법은 없다. 현실 정치에서 소수의 통치자는 종종 다수를 희생해가며 자신의 사익을 추구하고, 그에 맞서는 정치 세력은 자신들의 집권을 목표로 현 통치자에게 비판을 시작한다. 자신들이야말로 더 포괄적인 국민을 더 잘 대표할 수 있다고 선언하면서. 그러나 그들도 언젠가 통치자가 되기를 꿈꾸는 소수라는 점에서는 기존 통치자들과 다를 바 없다.

국민을 앞세운 이러한 정치 게임이 정착된 것은 국민주권설을 헌법의 첫머리에 명시했기 때문이다. 헌법의 첫 부분이야말로 그 사회가 픽션으로 받아들이겠다고 합의한 것들의 만신전 (Pantheon)이다. 헌법을 고민한다는 것은 단순히 권력 구조를 고민하는 일일 뿐 아니라 정치적 픽션을 고민하는 일이기도 하다. 오늘날 한국 사회를 뒷받침하는 정치적 픽션은 무엇인가? 그 픽션은 어떤 정치적 픽션을 대체한 것인가? 그리고 앞으로 도래할 이 사회의 정치적 픽션은 무엇인가?

내 마음 나도 모르게

—

민 심

"가르치려 들지 마세요!" 어떤 안건을 논의하기 위해 모 대학 학장과 학생대표가 만났는데, 어느 순간 학생대표가 그만 학장에게 언성을 높이고 말았다. 큰 목소리가 문밖까지 새어나가 다른 사람들도 그만 사정을 알게 되었다. 안건이 무엇이었는지, 누구 의견이 더 타당했는지, 전해 들은 나로서는 알기 어렵다. 다만, 누군가를 가르치게끔 되어 있는 곳인 학교에서마저 "가르치려 들지 마세요!"라는 말이 울려 퍼졌다는 사실이 흥미로웠다. 식당에서 "먹으려 들지 마세요!" 화장실에서 "오줌 누려 들지 마세요!" 도서관에서 "책 읽으려고 들지 마세요!" 목욕탕에서 "씻지 마세요!" 그리고 학교에서 "가르치려 들지 마세요!"

실로 '꼰대'를 싫어하는 세상이 되었다. 심지어 남을 가르치는 일을 하는 직업적 꼰대들도 꼰대가 되고 싶어 하지 않는다. 혹은 꼰대로 간주되고 싶어 하지 않는다. 그래서 교직에 있는 사람들도 〈꼰대 성향 검사〉 같은 것을 해보곤 한다. 〈꼰대 성향 검사〉란 무엇인가. "꼰대 없는 세상을 만들기 위해 나부터 '꼰대가 되지 말자!'라는 생각으로 개발한 테스트"라고 한다. 수십 개의 문항을 평소 생각대로 답변하고 나면, 테스트에 임한 사람의 꼰대 지수가 나오고 그에 어울리는 캐릭터가 발급된다.

예컨대 붙임성이 있으면서 꼰대 지수가 높은 사람에게는 "만취한 장비" 캐릭터가 주어진다. "만취한 장비"는 회식 자리의 눈치 없는 부장님 캐릭터로 진화할 가능성이 높기에 혼자만의 취미를 즐기라는 처방을 받는다. "만취한 장비"와 대비되는 캐릭터는 "망원동 나르시시스트"다. "망원동 나르시시스트"는 자기애가 강하기에 타인에게 자기 기준을 강요하지 말아야 한다는 처방을 받는다. "망원동 나르시시스트" 대처법은 "오, 그러시구나" 같은 영혼 없는 감탄사를 남발하는 것이다.

동료들은 호기심 어린 표정을 지으며 이 〈꼰대 성향 검사〉에 몰두한 반면, 나는 이내 검사를 포기했다. 일단 질문 문항이 너무 많아 귀찮았고, 수용할 수 없는 질문이 대부분이었기 때문이다. 첫 번째 문항은 이렇게 물었다. "여러 사람들과 함께하는 모임에 참가하는 것을 선호한다." 답: 1. 전혀 그렇지 않다, 2. 그렇지 않다, 3. 그렇다, 4. 매우 그렇다. 내 대답은 1, 2, 3, 4, 그 어느 것도 아니다. 모임에 어떤 사람이 참가하느냐가 중요하지, 여러 사람으로 이루어져 있는지 여부는 내게 중요하지 않기 때문이다. 내 평소 생각을 반영하는 답은 주어진 선택지 중에 없기에 나는 어떤 것도 선택할 수 없었다. 두 번째 문항도 마찬가지다. "스스로 만족하는 것보다 주변의 인정을 받는 것을 더 선호한다." 답: 1.전혀 그렇지 않다, 2. 그렇지 않다, 3. 그렇다, 4. 매우 그렇다. 이번에도 내 대답은 1, 2, 3, 4, 그 어느 것도 아니다. 주변 사람을 좋아하면 주변의 인정을 구하고, 주변 사람을 좋아하지 않으면 자기 만족을 추구하기 때문이다. 나는 아무래도 〈꼰대 성향 검사〉에 맞지 않는 것 같다.

꼰대 테스트에만 어려움을 느끼는 것은 아니다. 이메일로 종종 날아오는 설문조사들도 마찬가지다. "여가 시간을 혼자 보내는 것을 선호하시나요, 다른 사람과 함께 보내는 것을 선호하시나요." 이처럼 이분법으로 구성된 설문에 답하기 어렵다. 나는 여가라면 어떤 형태든 다 환장하기 때문이다. 이처럼 질문의 선택지가 자기 마음의 풍경을 제대로 반영하고 있지 않다면 설문에 응하지 않는 편이 나을 것이다. 그것이 자신을 위해서도 설문자를 위해서도 좋지 않을까.

그러나 나처럼 까다로운(?) 피설문자가 늘어나면 설문지를 돌리는 연구자는 곤경에 빠질 것이다. 아, 이 연구를 하려고 거액의 연구비를 받았는데, 설문지 답변이 모이지 않으면 연구를 할 수

Pieter Balten, The Dance of the World, mid-16th century.

Joan. Baptista Vrints exc.

Du Monde marque ici la feinte faulceté,
Qui te faict beau semblant, et semble qui te flatte,
Mais c'ert come la bube en l'eau au coeur derte,
Comme foin en vapeur, qui paris l'agre sçrquarte,
Une ny cut vray plaisir, tel semt honsteté,
Que la vie dement, l'un tient un double coeur,
L'autre veut hault monter, l'autre est toujours acué,
De vin l'un s'en proche aquetté par vanqueur,
Puis quand aire ou il y est, Dieu tire a son corté

Fa. de Alen

없는데, 이를 어쩌지. 설문 응답률을 높이기 위해 호객 행위를 하기 시작한다. 이 설문에 응답해주시면, 아이스 아메리카노를 마실 수 있는 기프티콘을 드립니다! 문화상품권을 드립니다! 음, 커피 한잔에 갑자기 태도를 바꾸는 건 어쩐지 경망스럽게 느껴지는군. 영혼을 문화상품권 한 장에 파는 느낌인걸. 언젠가 길가에서 모 종교단체가 나에게 크림빵과 함께 전도용 전단을 준 적이 있다. 자기네 종교에 귀의하라는 뜻이었다. 영덕대게도 아니고 한갓 크림빵 하나에 나는 개종을 해도 되는 것일까.

누군가 영덕대게를 미끼로 제시할 경우 혹은 자신의 곤란한 처지를 호소하며 읍소할 경우, 친애하는 누군가가 아주 간곡하게 부탁할 경우, 그도 아니면 어떤 강제적 상황에 처할 경우 자신의 평소 생각이 어떻든 일단 설문지에 답하게 될 수 있다. 설문지의 문항 자체를 고칠 힘은 없기에, 기존 문항에 적응하는 수밖에 없다. 사실과는 다르게 자신은 여가 시간을 혼자 보내고 싶어 한다고 답해버리는 것이다. 이렇게 작성된 설문지 답안은 자신의 '평소' 생각을 반영한 것이라기보다는 설문지 작성의 필요로 인해 그 순간 발명한 결과에 가깝다. 평소의 자신을 표현했다기보다는 새로운 자신을 창조한 셈이다.

물론 그 설문의 대답이 평소 생각과 완전히 무관한 것은 아닐 수도 있다. 그나마 어느 한쪽에 가까운 답을 선택한 것일 수도 있다. 그 경우 불완전하나마 그 설문 결과는 피설문자의 평소 생각을 반영하는 것일 수도 있다. 그러나 세상에는 별의별 사람들이 있다. 선택지와 딱 들어맞는 생각을 하는 사람만 있는 게 아니라 선택지보다 마음이 복잡한 사람도 있다. 내게 사지선다 설문이 아니라 오지선다, 육지선다, 아니 백지선다 설문을 주세요! 그뿐 아니라 평소에 그 사안에 관해서 아예 별 생각이 없는 사람도 있을 수 있다. 혹은 평소에는 그에 관한 잠재의식만 있을 뿐 표면에 드러난 생각은 없는 사람도 있을 수 있다. 혹은 생각이 자주 바뀌므로 '평소 생각'이라는 것이 별반 없는 사람도 있을 수 있다. 혹은 자기 생각을 자기도 모르는 사람도 있을 수 있다. 그리고 똑같이 1번 답안을 선택하더라도 그 마음의 강도는 천차만별일 수 있다. 똑같이 여가 시간을 혼자 보내는 것을 선호한다고 답했다고 해도 어떤 사람은 치열하게 선호할 수도 있고 또 어떤 사람은 쥐눈이콩만큼 선호할 수도 있다.

그러나 빠른 시간 내에 설문 답안이 모여야만 하는 상황이 되면 이런 복잡한 사정은 무시된다. 그리고 일단 설문 결과가 모이고 나면 피설문자들의 심경이 어떠했든, 일사천리로 연구는 진행된다. 그리고 해당 연구 결과는 정책 입안자에게로 전달되고, 그에 기반한 정책이 집행될 수도 있고, 관련된 세금도 신설될 수 있다. 그뿐이랴. 많은 파생 효과가 일어날 수 있다. 그 정책으로 인해 새로운 직장이 생길 수도 있고, 역으로 실직자가 생길 수도 있다. 실직자들은 쟁의를 일으킬 수도 있고, 그로 인해 정치 지형이 바

뛸 수도 있다…….

상황을 충실히 반영하기보다는 외부적인 틀에 맞추어 상황이 재단되는 일은 개인의 마음 차원뿐 아니라 국가의 차원에서도 일어난다. 역사학자 통차이 위니짜꾼은 《지도에서 태어난 태국》이라는 저서에서 원래 명확한 국경과 영토주권 없이 개인적 충성 관계에 기초하여 질서를 유지하던 시암(Siam)이 분명한 국경과 단일한 주권이 있는 태국으로 거듭난 것은 서양의 '근대적' 지도 제작 기술 때문이었음을 보여준 바 있다. 즉 당시의 여러 필요에 의해 이른바 근대적 지도를 제작해야 했는데, 그 지도는 명확한 국경을 필요로 했고, 그 결과 전에 없던 국경이 그려지게 되었다는 것이다. 다시 말해 그 지도는 당시에 존재하던 태국의 모습을 모사하거나 반영한 것이 아니라 지도 제작의 요구에 따라 태국이 결정된 것이다. '근대적' 지도 제작이 태국을 만든 것이지, 태국이 지도를 만든 것이 아니다.

마찬가지로 민심이 설문을 만든 게 아니라 설문지가 민심을 만들었다고 할 만한 경우가 적지 않다. 민심의 창조자는 단순히 민(民)이 아니다. 민심의 창조자는 민뿐 아니라 "내 마음 나도 모른다"고 노래하던 사람, 손에 잡히는 민심을 원하는 정치인, 모호한 상태로 부유하던 마음을 콕 집어 윤곽을 잡아준(articulate) 사람, 여론조사로 밥 먹고 사는 사람, 관료적 요구에 맞는 근거를 통해 정책을 정당화해야 하는 사람, 그리고 영덕대게다.

2부

열광과 냉소 사이에서

몰입하지 않는 이가 치러야 할 대가가 있다.
그는 상황으로부터 필연적으로 소외된다. 그는 어떤 상황에도
몰입하지 않기 때문에 몰입이 주는 쾌감을 누릴 수 없다.
…… 그는 모든 야단법석에 함께하되 그 일부가 되지 않고 늘 거리를
두면서 상황 전체를 생각한다. 게임에 참여하되 게임의 룰과 시작과 끝을
생각한다. 그는 행동하는 자라기보다는 생각하는 자다.

정치적 열광과 냉소 사이에서

—

정치 참여의 스펙트럼

《춘추좌씨전(春秋左氏傳)》에는 다음과 같은 작자 미상의 시가 수록되어 있다. "느긋하게, 헤엄치듯, 그럭저럭 세월을 마치는 것, 그것이 지혜로다." 그렇다면 편식을 하지 않고, 이빨을 잘 닦고, 목전의 일들을 대수롭지 않게 여기고, 꼴 보기 싫은 사람은 만나지 않고, 크게 화를 내지도 크게 흥분하지도 않고, 샤워를 규칙적으로 하면서 쾌적한 생활을 유지하다가 때가 오면 잠들듯이 죽는 것이 바람직하다. 그야말로 스트레스를 최소화한 삶. 이러한 삶의 태도를 철학화한 사상가가 고대 중국의 양주(楊朱)다. 양주가 생각하는 인간 본성에는 정치 참여의 욕망 같은 것은 없다. 정치 참여? 그거 참 귀찮다. 그거 없이도 인간은 충분히 잘 살 수 있다. 정치 참여란 자칫 부질없는 스트레스만 불러 오기 십상이다. 이것이

양주의 생각이다.

그러나 고대 그리스의 사상가 아리스토텔레스는 다르다. 그의 저서《정치학》에서 분명히 말한다. 인간은 정치 공동체를 떠나서 살 수 없다고. 정치 없이 살 수 있다면 그는 신이거나 야수일 거라고. 아리스토텔레스에 의하면, 정치적 참여는 그로 인해 발생하는 효용 때문만이 아니라 인간이 인간이 되기 위해 꼭 필요하다. 양주가 권하는 대로 살다 보면 인간성은 파괴되고 말 것이다. 공적인 삶은 도외시한 채 숯불갈비만 혼자 처먹고 있는 것은 인간이 아니다. 탈정치적 삶의 태도로 일관하며 숯불갈비만 먹다가 늙어 죽는 것은 세상에서 가장 로맨틱한 키스를 할 수 있는 입술을 갖고 태어난 사람이 단 한 번도 키스하지 않은 채 늙어 죽는 것과 같다. 정치에 참여하지 않으면 인간은 타고난 잠재력을 발휘할 수 없고, 결과적으로 끝내 온전해지지 않는다. 마음에는 언제나 공터가 남아 정치가 들어오길 기다린다. 비계가 있어야 삼겹살이 완전해지듯, 정치가 있어야 삶이 완전해진다.

아리스토텔레스가 염두에 두었던 정치 공동체는 오늘날 국가보다 훨씬 작은 도시국가여서 자신이 노예나 여자나 외국인이 아니라면 정치에 직접 참여할 가능성이 오늘날보다 훨씬 높았다. 정치체의 규모와 인구가 비약적으로 증가한 오늘날 사람들은 대개 자신의 정치적 열망을 대의정치를 통해서 실현한다. 한국 현대 정치사는 이 대의정치를 제도화하면서 본격화되었다. 선거를 통해

뽑힌 전문 정치인들이 사람들의 정치적 열망과 필요를 잘 번역해 주기만 한다면 사람들은 "두꺼비가 자기 앞길을 가로막는 돌을 그 저 돌아서 지나가듯이"(기 샤를 크로) 하루하루를 나른하게 살아갈 수 있을 것이다.

그러나 상당수의 정치인들은 조만간 공적 가치를 수호하기보 다는 사리사욕을 추구하는 이들로 판명된다. 국민의 정치적 열망 과 에너지를 제도화된 정치적 실천으로 번역하는 데 실패한다. 그 실패가 거듭될 때, 사람들은 거리로 나온다. 프랑스 시인 기 샤를 크로는 두꺼비의 행로를 벗어난 영광스러운 삶을 이렇게 노래했 다. "만약 그대가 진정 살기 원한다면/하루하루 새로이 힘을 내어/ 미친 듯 날뛰는 삶, 거칠게 콧김을 내뿜는 삶/굴복당하지 않으려 는 삶을 살아내야 한다." 이 고통스러운 희생과 아드레날린의 삶 이 성립하려면 종종 대상화된 절대악의 존재와 거대한 역사 서사 가 필요하다. 그래야 거리에서 집결하여 구호를 다 함께 외치기 쉽다.

악의 존재에 맞서 새로운 역사의 장을 열고자 사람들이 너나 할 것 없이 거리로 나온 역동적인 정치사가 한국에는 있다. 실로 현대 한국인의 마음에는 대규모 정치적 시위가 준 효능감에 대한 집단적 기억이 각인되어 있다. 1960년 4월 거리의 시위를 통해 독 재와 국가폭력을 일삼던 독립운동가 출신 대통령을 하야시킨 승 리의 기억, 1987년 6월 군부독재를 종식시키고 직선제를 쟁취한 정치적 승리의 기억, 2017년 현직 대통령의 탄핵을 이끌어낸 정치적 승리의 기억이 있는 것이다.

대의정치의 제도적 공간을 벗어난 정치적 에너지는 삶의 제반 영역으로 범람하곤 한다. 생활도 문화도 예술도 급속도로 정치화된다. 1980년대 한국 사회를 경험한 사람들은 예술을 비롯한 문화의 제반 영역이 정치적 대의에 헌신하려 들었던 때를 기억할 것이다. 혁명과 진보에 복무하는 예술적 전형성을 만들고, 그 전형에 맞추어 저항의 서사를 썼다. 그러한 예술관은 오늘날에도 세계 여러 곳에서 지속된다. 중국의 영화감독 지아장커는 말했다. "좋은 영화를 만들고 싶으면 세상을 부숴야 한다. 왜냐하면 세상이 악하므로. 악한 세상에 순응하면 아무 희망이 없다."

사람들이 생업을 중지하고 거리로 '거듭' 나와야만 했다는 것은 승리의 기억인 동시에 실망의 기억이기도 하다. 4.19 의거는 결국 쿠데타를 통한 군사정권의 성립으로 이어졌고, 직선제를 쟁취한 1987년 6월 항쟁은 쿠데타 세력의 재집권으로 이어졌으며, 1991년 5월의 시위는 결실 없는 패배로 끝났다. 2017년 대통령 탄핵 이후 새로 집권한 정부와 여당이 과연 얼마나 미래지향적이냐를 두고 격론이 벌어지기도 했다. 오늘날 정치적 적폐 세력으로 지목되는 상당수는 소위 보수 세력뿐 아니라 80년대 이래의 민주화 세력이기도 하다. 한때 저항 세력이었던 이들이 정치 권력을 거머쥔 이후 비판자들은 개혁을 하기 위해 권력을 원했던 것이냐,

아니면 권력을 얻기 위해 개혁을 외친 것이냐고 묻는다.

저항 세력이 권력자가 되어 개혁의 예리함을 잃어갈 때는 곧 정치적 냉소가 자라나기 쉬운 시기이기도 하다. 새로운 정권이 들어섰으나 약속했던 새 시대가 금방 도래하지 않는다, 한국 사회의 많은 문제가 특정 정권의 행태로 환원되지 않을 정도로 뿌리 깊은 것임이 드러난다, 부패한 기득권을 질타하며 집권한 세력 역시 적지 않게 부패했음이 드러난다, 이리하여 정치적 유토피아는 다시 한번 유예된다. 그 유예된 공터에서 예술가들은 도래할 정치적 유토피아에 집착하는 대신 허무와 심연을 보곤 한다.

4.19를 경험한 젊은 날의 이어령은 정치적 허무감을 담은 《환각의 다리》를 썼고, 1980년대 거리의 정치를 경험한 비평가 김현은 1980년대의 문학을 정리하는 글에 "보이는 심연과 보이지 않는 역사전망"이라는 제목을 붙였고, 촛불혁명을 체험한 작가 정지돈은 이제 거시적인 개혁보다는 "희망 없이 지속하기"를 내세운다. "훌륭하지도 비참하지도 않고 보수적이지도 진보적이지도 않으며 세계에 맞서거나 세계에 종속되지 않은 상태로 (또는 둘 사이를 오가며) 자신의 할 일을" 하겠다고 중얼거린다.

결국에 도래할 유토피아를 믿지 않는다는 점에서 실로 이런 방식은 대단한 희망이 없을지도 모르겠다. 이대로 살아가다가, 고통스럽게 죽고 싶지는 않다는 류의 야망. "너무 맥없이 들리는지도 모르겠다. 그러나 이게 나와 내 친구들이 살아가는 방식이다."

이 의식적으로 비영웅적인 자세는 자신의 윤리를 어느 지점에서 확보할 수 있을까?

유토피아적 열정을 여전히 간직하는 사람은 이와 같은 예술적 태도를 일러 퇴행적이며, 무기력하고, 냉소적이며, 허무주의적인 현실도피라고 비판할 수 있다. 그러나 이러한 예술적 태도가 정치성을 완전히 포기한 것은 아니다. 그것이 기대는 것은 소위 인류학적 정치성이다. 정지돈이 소환하는 인류학자는 소비에트의 마지막 단계를 경험하고 미국에서 인류학자로 살아가는 알렉세이 유르착이다. 유르착은 일체의 권력화를 거부하면서 희망 없이 지속하는 태도를 "내부로부터 탈영토화시키는" 정치적 전략이라고 부른다. 그에 따르면 거리의 정치가 아니라 일상에서의 미시적인 탈권력화가 이루어져야 근본적인 변화가 비로소 시작된다.

감염병이 창궐하는 시대에 거리에 나와 집결하여 스크럼을 짜고 구호를 외치는 일은 더 이상 윤리적이지 않다. 거리의 집회에서 삶의 활력을 찾고, 내가 파편에 불과한 것이 아니라 보다 큰 전체의 일부가 된 것 같아 가슴이 벅찰 수 있는 시절은 당분간 가버렸는지도 모른다. 거리의 정치가 극도로 위축된 지금 가능한 정치적 참여의 방법을 생각하기 위해 고려시대 문인 권적(權適)이 쓴 〈지리산수정사기(智異山水精寺記)〉를 읽는다. 그 옛글은 이렇게 시작된다. "고독을 즐기고, 식고 마른 심신으로 해탈의 방법이나 찾으며, 나만 구제하면 그만이지 남이 무슨 상관이랴고 말하는 것. 그건 자기 개인에게야 좋겠지만 위대한 것은 아니다. ……집 밖으로 나가지 않고서도 자신과 타인에게 모두 좋은 길을 얻는 것은 위대한 사람만이 할 수 있다."

Pieter Brueghel the Elder, The Misanthrope, 1568.

무도회와 대의정치

선거

또 선거철이 시작되었다. 새로운 무도회가 벌어졌다. 사진 기자 혹은 화가는 이 무도회를 잘 그려 후대에 남겨야 한다. 사람들은 그의 사진 혹은 그림을 보고, 과거를 기억하고 평가할 것이다. 정치꾼 혹은 춤꾼들은 한껏 역동적으로 움직이기에, 무도회 그림은 정지된 사물을 그리는 정물화와는 다르다. 곧 사라질 청각 정보와 동영상을 정지 화면 속에 박제해야 한다. 화가는 드레스 끝단에 주목한다. 약간의 자극에도 나풀거리도록 만들어진 부분이기에, 드레스 끝단은 음악의 템포와 상대의 동작에 민감하다.

르누아르가 1883년에 그린 〈부기발에서의 댄스(Dance at Bougival)〉에 나온 남자의 바짓단과 여자의 드레스 끝단을 비교해보라. 역동성이 그다지 느껴지지 않는 남자의 바짓단에 비해 여자의 드레스 끝단은 당시 울려 퍼졌을 음악의 템포를 반영한다. 10년 뒤 펠릭스 발로통(Felix Vallotton)이 그린 〈왈츠〉를 보라. 속도감 있게 그려진 바짓단과 드레스 끝단은 당시 무도회에 빠른 템포의 왈츠가 울려 퍼졌음을 증거한다. 화면 가득한 성에는 사람들이 살얼음판이라는 패스트 트랙 위에서 춤을 추었음을 보여준다.

무도회를 찍는 사진 기자나 화가는 춤추는 이들의 마음을 읽어 후대에 남겨야 한다. 사람들은 등장인물의 표정을 보며, 과거를 기억하고 평가할 것이다. 〈부기발에서의 댄스〉에서 남성과 여성의 표정은 대조적이다. 몰입한 남자는 한껏 상대에게 밀착해서 자신을 마주 보아달라고 애걸한다. 반면, 당시 17세였던 상대 여성은 한사코 그 시선을 피해서 땅에 떨어진 물건을 멍하게 바라보고 있다. "면도를 제대로 하지 않은 당신의 얼굴을 보면 흥이 깨질 것 같아요"라고 말하는 듯.

〈부기발에서의 댄스〉에 나온 이 여성의 모델은 마리-클레멘틴 발라동(Marie-Clémentine Valadon)이다. 세탁부의 사생아였던 발라동은 로트렉이나 에릭 사티(Erik Alfred Leslie Satie) 같은 다른 예술가들의 뮤즈로 세월을 보내다가, 마침내 그 스스로 수잔 발라동(Suzanne Valadon)이라는 이름을 가진 화가가 된다. 여성이 남성의 시선을 피하는 것은 펠릭스 발로통의 그림에서도 마찬가지다. 그림에서 행복한 표정이 잘 드러나 있는 여성은 한사코 남성의 시선을 피해 눈을 감고 있다. 당신의 못생긴 얼굴을 보지 않아야 춤

Pierre-Auguste Renoir, Dance at Bougival, 1883.

Félix Vallotton, Waltz, 1893.

에 몰입할 수 있다는 듯.

이처럼 다르면서도 비슷한 세기말의 두 무도회 그림은 당대를 얼마나 잘 반영하는 것일까? 〈부기발에서의 댄스〉는 나머지 춤꾼들을 배제하고 오직 두 명의 남녀에게 집중한다. 반면, 〈왈츠〉에서는 많은 사람이 떼 지어 함께 춤을 추기에, 전체와 부분의 긴장이 명료하게 드러난다. 상대 남성의 얼굴을 화폭 밖으로 밀어버리고, 유일하게 행복한 표정을 짓고 있는 오른쪽 하단 여성은 이 무도회에서 예외적인 인물이었을까, 아니면 전형적인 인물이었을까?

이 질문은 음악이 끝나야 비로소 대답할 수 있다. 음악이 끝나면, 춤추던 이들은 각자 제자리로 돌아가면서 그 나름의 표정을 지을 것이다. 마치 유세의 춤판이 끝나고 투표일이 되면 기표소에 들어가는 유권자들이 그 나름의 표정을 짓듯이. 행복하기도 하고 불행하기도 하고, 실망하기도 하고 분노하기도 하다가, 결국 기표소까지 나온 공화정 시민들의 복잡한 표정. 유권자들의 그 표정이 정치권의 다음 춤판을 결정할 것이다. 마치 제자리로 돌아오는 댄서들의 표정들이 무도회의 다음 음악을 결정하듯이.

투표할 때 일어나는 일

———

투표

인간은 변하는가? 인간 행동을 예측하고 싶어 하는 사람은 인간이 별로 변하지 않는다고 생각하곤 한다. 일견 변하는 것 같아도 변치 않는 패턴이 있으니 행동을 예측할 수 있다고 생각하곤 한다. 인간을 통제하고 싶어 하는 사람도 마찬가지다. 인간에게는 본성이 있어서 예측 가능하고, 예측 가능하기에 통제 가능하다고 생각하곤 한다. 실로 인간은 이해관계에 따라 움직이고, 자기 이익을 극대화하려 들고, 인센티브에 반응하고, 쾌락을 좇고, 고통을 피하려고 한다. 당장 이익을 주는 일에 민감하고, 장기적인 계획에 상대적으로 무심하다. 상당한 고통과 비용이 따르기 때문에 비약적인 변화를 감행하는 일에 주저한다.

그러나 살다 보면 간혹 비약적인 변화를 목격하는 때가 있다.

천진하던 학생이 졸업을 앞두고 무서울 정도로 계산적인 인물로 변하기도 하고, 낭만적인 청년이 첫사랑에 실패한 뒤 사람을 고깃덩이로 보는 천박한 속물로 타락하기도 한다. 독립투사였던 사람이 친일파로 변하기도 하고, 친일파였던 사람이 독립투사가 되기도 한다. 급격히 살을 빼고 다른 사람처럼 되어 나타나기도 하고, 느닷없이 삭발하고 출가를 감행하기도 한다. 혁명을 꿈꾸던 사람이 인생관이 바뀌어 동료를 밀고하기도 한다.

그러고 보면 인간은 쉽게 변하지 않을 뿐, 큰 변화를 아예 겪지 않는 것은 아니다. 인간은 언제 큰 변화를 겪는가? 변신에 가까울 정도의 비약적인 변화는 언제 일어나는가? 느닷없이 그러나 필연적으로 일어나는 변신 이야기는 늘 흥미롭다. 마블 코믹스의 〈스파이더맨〉도, 안노 히데아키의 〈에반게리온〉도, 봉준호의 〈기생충〉도 다 변신 이야기다. 〈에반게리온〉은 청소년이 정체불명의 괴물과 맞서기 위해 최강병기로 변신하는 애니메이션이다. 영화 〈기생충〉은 왜 한국 청년이 빈둥대기를 멈추고 그토록 돈을 사랑하게끔 변했는가에 대한 탐구다.

인간이 만들어낸 다양한 변신 이야기 중에서도 가장 화려한 것이 오비디우스의 《변신 이야기》다. 호라티우스와 더불어 로마의 대표적 시인인 오비디우스에 따르면, 변신은 대체로 절체절명의 위기에 처한 이의 애타는 갈망으로 인해 일어난다. 정말 더 이상 어찌해 볼 도리가 없을 때, 그러나 포기할 수 없을 때, 변신은 발생한다.

바다의 신이 여인의 미모에 반해서 쫓아온다. 그만 "미모가 재앙이 되고 만 것이다". 바다의 신에게 붙잡히기 직전, 그녀의 두 팔은 마침내 까만 깃털로 변하기 시작한다. 음탕한 숲의 정령에게 쫓기던 요정 역시 더 이상 도망칠 수 없게 되자 갈대로 변신한다. 가장 유명한 것이 아폴로와 다프네 이야기다. 아폴로가 "전사가 쓰는 활이 왜 네게 필요하지?"라고 놀리자 화가 난 큐피드는 아폴로에게 사랑의 불을 피우는 화살을 쏘고, 다프네에게는 사랑을 거부하는 화살을 쏜다. 이제 아폴로는 달아나는 다프네를 쫓는다. 쉽게 충족되지 않은 욕망은 더 달아오르는 법. 달아날수록 다프네는 아름답게 보인다. "달아남으로 인해 더 눈부셨다." 지쳐서 더 이상 도망할 수 없게 되자 다프네는 외친다. "신이시여, 저에게 호감을 갖지 못하게끔 아름다운 제 모습을 바꾸어주세요!"

이것이 허황한 옛날이야기에 불과한 것일까. 퍼듀 대학의 문학 담당 교수이자 작가인 록산 게이는 《헝거》에서 말한다. "나는 뚱뚱하지 않았었다. 나중에 날 뚱뚱하게 만들었다. 나의 몸이 거대하고 아무것도 뚫을 수 없는 커다란 덩어리가 되기를 바랐다." 12세에 성폭력을 당한 록산 게이는 남자들로부터 멀어지기 위해 일부러 자신을 뚱뚱하고 역겹게 만들고자 한다. 먹고, 먹고, 또 먹어서. 그 결과, 록산 게이는 261킬로그램의 거구로 변신한다.

변신이라고 할 정도로 자신을 바꾸는 일은 쉽지 않다. 속설에 따르면, 그런 일은 일생일대의 사랑에 빠졌거나 죽음의 위협이 닥쳤을 때나 가능하다고 한다. 그것이 어디 개인에 국한된 일이랴. 변신이 어렵기는 조직도 마찬가지다. 숱한 경고에도 불구하고 눈앞의 이익에 연연하고 목전의 안위를 도모하다가, 결국 역사의 뒤안길로 사라져간 조직이 허다하다. 개인이든 조직이든, 절체절명의 위기에 빠졌을 때나 간신히 정치적 변신을 시도한다. 위기에 따르는 엄청난 비용을 치르지 않고도 개혁과 변화를 끌어낼 수 있는 사람이 정치 리더의 자격이 있다.

가장 의미심장한 '정치적 변신'은 대통령 선거 투표일 당일에 발생한다. 투표일에 관례처럼 벌어지는 일들을 상상해보라. 아침에 일어나면 투표 참여를 독려하는 뉴스가 들리고, 날씨와 투표를 연결 짓는 일기예보가 나오고, 투표했다고 인증하는 연예인의 사진이 소셜미디어에 올라온다. 시간대별 투표율이 보도되고, 결과에 대한 전문가들의 관측이 줄을 잇고, 후보자들의 인터뷰가 잇따른다. 마침내 출구조사 결과가 발표되고, 사람들은 자신이 지지한 후보가 몇 표 차로 당선되었는지 귀 기울인다. 결국 누군가 당선된다.

이 과정에 쏟는 사람들의 관심은 실로 놀랍다. 어느 후보가 당선되어도 근본적으로 새로운 정치는커녕 발표한 공약마저도 온전히 지켜지지 않을 텐데? 결국 지지자들의 기대를 배반하고 말 텐데? 혹시 새로이 구성되는 정부에서 한 자리를 차지할 심산인가? 대통령이 새로 임명할 수 있는 자리는 2000여 개에 불과하다던데? 새로 구성되는 정부에서 중책을 맡을 것도 아닐 텐데? 자기

Pontormo, Apollo and Daphne, 1513.

커리어가 바뀔 것도 아닐 텐데? 그럼에도 불구하고 기어이 투표장에 나와 자기 몫을 다한 시민들의 열정이 놀랍다.

그들은 실로 방 안에서 유튜브를 보다가 낮잠을 잘 수 있었는데도 투표장에 일부러 나온 것이다. 아이스크림 한 통을 통째로 퍼먹으며 방 안에서 만화책이나 볼 수 있었는데도 투표장에 나온 것이다. 창밖에 내리는 저 소나기에 나쁜 놈들이 떠내려갔으면 좋겠다는 상상만 하고 만 것이 아니라 비옷을 차려입고 투표장으로 나온 것이다. 혹시 바다 한가운데 요트를 띄워놓고 선상 파티라도 하고 있었나? 그래도 육지로 뱃머리를 돌려 투표장으로 나온 것이다. 자기보다 한심한 놈에게 지배받기 싫어서라도 굳이 투표하러 나온 것이다.

투표장에 들어서면 이제 중립 타령하는 사람은 없다. 그들은 누군가를 기어이 선택하겠다는 결의를 가지고 그 자리에 왔다. 자신은 아무 의견이 없다고? 매사에 중립이라고? 누가 정치 의식을 중성화하기라도 했나? 투표하는 사람은 적과 동지를 구분하는 날카로운 마음으로 지지 대상을 판별한다. 그러나 투표는 적과 벌이는 전쟁과는 다르다. 미운 놈을 돌도끼로 때려죽여서 갈등을 해소하는 대신, 문명인답게 한 표를 던지는 것이다. 투표는 농성과도 다르다. 세를 과시해서 상대를 굴복시키는 대신, 계산 가능한 한 표를 던지는 것이다.

바로 그 투표 행위를 통해서 엄청난 일이 벌어진다. 이 투표 행위를 통해 오비디우스의《변신 이야기》에서 본 것 같은 '변신'이 일어난다. 자기 자신의 생존과 안위만을 위해 동분서주하던 인간들이 그래서는 도저히 살아남을 수 없다는 것을 깨닫고, 공권력을 가진 국가를 만들기로 결심한 것이다. 국가권력을 창출하고자 투표장에 간 순간, 흩어져 살아남으려고 발버둥 치던 사적 존재들은 어엿한 정치적 존재로 변신한 것이다. 이제 그들은 더 이상 산발적인 사익 추구자가 아니라 단일한 의지를 가진 국가의 일원이 된 것이다. 투표로 말미암아 '국민'이 재탄생한 것이다. 통합된 의지가 생겨난 것이다. 국가와 국민이라는 거대한 정치적 인격이 탄생한 것이다.

근대 정치 이론의 초석을 놓은 토머스 홉스는 저서《리바이어던》에서 그처럼 한갓 사적(私的) 인간이 정치적 존재로 변신하는 과정에 주목했다. 낱낱이 흩어져 있던 인간들이 어떻게 단일한 의지를 가진 권력체를 창출할 수 있는 것일까. 어떻게 정치적 존재로 변신하는 것일까? 그냥? 심심해서? 그렇지 않다. 그들은 죽지 못해서 변신하는 것이다. 변신하지 않고서는 살아남을 수 없으므로. "지속되는 두려움과 난폭한 죽음의 위협"으로 인해 인생이 "고독하고, 열악하고, 고약하고, 잔인하고, 짧아질까 봐" 변신하는 것이다. 어찌해볼 도리가 없을 정도로 괴롭기 때문에 정치적 존재로 변신하는 것이다. 그 변신 덕분에 인간은 비로소 삶을 견딜 수 있게 된다. 투표는 인간이 정치적 인간으로 변신했던 그 위대한 상상을 되살리는 축제다.

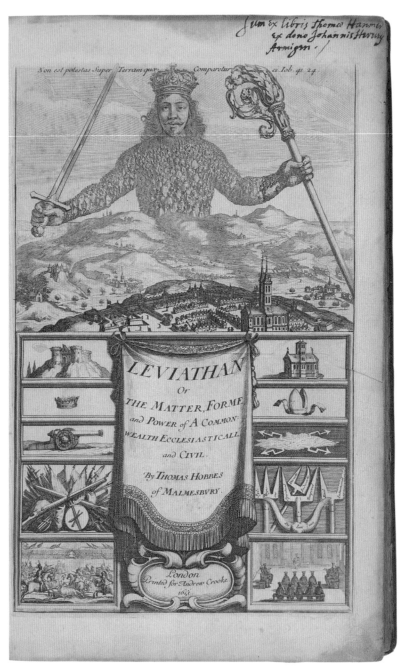

Engraving by Abraham Bosse, Leviathan by Thomas Hobbes, 1651.

원본은 없다

대의정치

　중국 역사상 가장 큰 권력을 쥐었던 사람은 누구일까? 20세기 이전에는 진시황(秦始皇)이나 주원장(朱元璋), 20세기 이후에는 마오쩌둥(毛澤東)을 꼽는 사람이 많다. 이들의 공통점은? 진시황, 주원장, 마오쩌둥은 모두 정치 권력뿐 아니라 문화 권력까지 장악하려 들었다는 특징이 있다. 건강한 사회를 위해서는 정치 권력, 문화 권력, 경제 권력이 한 사람에게 집중되지 말아야 한다는 통념과는 반대로, 그들은 그 세 권력 모두를 한 손에 쥐고자 했던 것이다.

　이 세 사람 중 가장 화끈한 권력의 롤러코스터를 탄 사람은 주원장이다. 진시황은 황제가 되기 전에 이미 왕자였고 마오쩌둥은 도서관 사서였던 반면, 주원장은 거지에 가까운 처지에서 떨쳐 일어나 반란군 수뇌를 거쳐 마침내 명나라 초대 황제가 되었다. 주원장은 황제로 등극한 뒤에 국무총리 격인 재상직을 없앴고, 서슴없이 대신들에게 곤장을 쳤으며, 5만 명이 넘는 관료를 숙청하기도 했다. 명나라 말기의 저명한 지식인 황종희(黃宗羲)는 주원장이 황제권을 남용한 데서 명나라 쇠퇴의 원인을 찾기도 했다.

　무소불위의 권력을 휘두른 사람이라고 해서 폭군의 이미지를 좋아하는 것은 아니다. 가능하면 아름다운 자기 이미지를 후대에 길이 남기고 싶어 한다. 주원장 역시 예외가 아니었다. 대만의 고궁박물관이 소장하고 있는 공식 초상화 속의 주원장은 다소 엄해 보이기는 할지언정, 관찬 역사서《명태조실록(明太祖實錄)》이 묘사하는 것처럼 귀태가 질질 흐르는 유능한 통치자의 모습이다. 그런데 아무리 강한 황제 권력도 사회 저변에서 일어나는 다양한 미시적 저항까지 모두 통제하기는 어렵다. 강력한 황제권에도 불구하고 혹은 그 강력한 황제권에 대한 반발심으로 인해 공식 초상화와는 완연히 다른 주원장의 초상화가 다수 유통되었다. 이 비공식 초상화들은 공식 초상화와는 달리 사납고 천박하고 추하기 이를 데 없는 주원장의 모습을 담고 있다.

　이런 정황이 물론 중국 특유의 것은 아니다. 영국을 세계적인 제국으로 만드는 과정에서 결정적 역할을 한 엘리자베스 1세도 마찬가지다. 엘리자베스 1세는 자신의 제국적 열망을 담은 멋진 초상화를 여럿 제작하도록 지시했다. 그중에서도 궁정 화가 조지

不明, 明太祖坐像, 明朝.

不明, 明太祖坐像, 明朝.

가워(George Gower)가 그린 초상화가 대표적이다. 참으로 위풍당당하기 이를 데 없는 여신과도 같은 여왕의 모습을 담고 있다. 그런데 런던의 국립 초상화 갤러리는 16세기경 익명의 초상화가가 그린 전혀 다른 엘리자베스 1세의 초상화를 소장하고 있기도 하다. 그 그림은 그저 파리하게 늙어가는 인간 엘리자베스 1세의 모습을 묘사하고 있다.

이 여러 초상화 중에 어느 것이 진짜 권력자의 모습일까? 그것을 알 도리는 없다. 판단의 기준이 될 피사체가 이미 사멸하고 없기 때문이다. 피사체가 살아 있다고 한들, 그 모습이 한결같을 리는 없다. 2021년 2월 16일, 멕시코 소노라주에서 벌어진 사건을 생각해보라. 한 여성이 남편의 휴대전화에서 남편이 아름다운 여성과 밀회를 즐기는 사진을 발견했다. 확실한 불륜 증거를 발견했다고 생각한 그녀는 격분해서 흉기로 남편을 수차례 찌른 끝에 연행되었다. 그런데 확인 결과 휴대전화 속 사진은 다름 아닌 본인의 옛날 사진으로 판명되었다. 이 사건에서 무엇이 그 여성의 진정한 얼굴인지는 중요하지 않다. 원본은 변하고 있다는 사실, 그리고 이미지에 묻어 있는 욕망이 중요하다.

한국 사회의 경우도 마찬가지다. 유관순 열사의 순국 100주기를 맞아 한 네티즌이 유관순 열사의 사진을 앱을 통해 웃는 얼굴로 '보정'하고, 그 사진을 온라인 커뮤니티에 올렸다. "유관순 열사의 사진을 볼 때마다 고문으로 부은 얼굴이 안쓰러웠다. 10만 원권이 나온다면 반드시 이렇게 웃는 유관순 열사의 사진이었으면 한다. 부디 열사의 평안을 빈다." 그 엄혹한 시대에 유관순 열사가 과연 활짝 웃고 싶었는지 우리는 확신할 수 없다. 보정된 사진은 유관순 열사의 당시 모습보다는 나중에 보정한 사람의 욕망을 더 잘 드러내준다. 우리가 증명사진을 '뽀샵질' 할수록 보다 선명해지는 것은 원본의 모습이 아니라 '뽀샵질'에 열중하고 있는 사람의 욕망이다.

유관순 열사의 사진 보정이 있고서 얼마 지나지 않아, 문화체육관광부는 100원 동전에 새겨진 이순신 장군의 표준영정 해제를 심의 중이라고 발표했다. 표준영정의 작가가 친일반민족행위진상규명위원회로부터 친일반민족행위자로 분류되었기에 교체를 고려한다는 것이었다. 표준영정이 바뀐다고 해도 우리는 여전히 이순신 장군의 실제 모습을 알 수 없을 것이다. 바뀌는 표준영정을 통해 알 수 있는 것은 이 시대 혹은 이 정부의 열망이다. 사람들이 재현을 통해 원하는 것이 진실보다는 자기 욕망의 실현이라면 이미지를 볼 때 상상해야 할 것은 재현 대상이 된 원본이 아니라 그 재현물에 묻은 욕망이다. 원본은 여기 없다.

George Gower, Queen Elizabeth I, circa 1588.

Unknown, Elizabeth I, circa 1575-1580.

위대한 리더는 좇지 않고 바라본다

정치 리더십

갱 영화는 정치에 대해 의미심장한 진실들을 일러주곤 한다. 갱 영화는 권력, 조직, 리더십, 세력 다툼 같은 정치의 중요 주제들을 다루고 있기 때문이다. 코엔 형제의 1990년작 갱 영화 〈밀러스 크로싱〉은 정치 리더십에 관한 고전, 영화판 《군주론》이다.

1920년대 미국의 한 도시, 아일랜드계 갱과 이탈리아계 갱이 세력 다툼을 하고 있다. 이탈리아계 보스 캐스퍼는 조직의 배신자 버니를 처단하려 하지만 아일랜드계 보스 레오가 방해한다. 버니는 다름 아닌 레오의 연인 베라의 남동생이기 때문이다. 캐스퍼는 레오의 방해가 부당하다며 반발하고, 레오의 오른팔 톰 역시 보스의 사사롭고 부당한 일처리에 실망한 듯 보스 곁을 떠나 캐스퍼 쪽으로 넘어간다. 일견 톰이 레오를 배신한 듯하지만, 결국에는

Joel Coen, Ethan Coen, Miller's Crossing, 1990. ©IMDB

레오의 승리를 도운 것으로 판명된다. 레오는 다름 아닌 톰 덕분에 위기에서 벗어나 조직을 재건하며 영화는 끝난다.

　세 명의 리더를 비교해보자. 첫째, 아일랜드계의 레오. 그는 갱 리더십에서 기본 중의 기본이라고 할 수 있는 강한 무력을 가지고 있다. 그는 자기 무력을 믿고, 자기 마음대로 해도 된다고 생각한다. 누가 보아도 잘못한 버니를 자기 애인의 동생이라는 이유 하나로 감싸고 돈다. 아무리 힘이 세도 원칙이 없으면 상대의 진심 어린 복종을 불러올 수 없는 법. 정당화되지 않은 힘은 한계를 드러내기 마련이다. 결국 이탈리아 갱이 반기를 들고, 도시의 평화는 깨지고 만다.

반기를 든 이탈리아계 보스 캐스퍼는 어떤가. 그의 명분은 윤리적 원칙에 있다. 레오와 버니는 비윤리적이므로 처단해야 한다고 캐스퍼는 굳게 믿는다. 그러나 캐스퍼가 세세한 윤리 원칙에 집착하고 있을 때, 정작 본인 스스로 비윤리적인 갱에 불과하다는 사실을 잊고 있다. 원칙에 대한 강한 집착으로 인해 그는 결국 부하들과 불화를 빚고 만다. 가장 가까운 심복 데인마저도 윤리적으로 의심한 끝에 처단한다. 심복을 잃은 캐스퍼는 결국 파멸한다.

이 영화에서 가장 흥미로운 캐릭터는 레오의 오른팔 톰이다. 검은 모자를 즐겨 쓰는 남자 톰은 일견 종잡을 수 없는 인간이다. 보스의 애인인 베라와 밀회를 즐긴다는 점에서 비윤리적이다. 그러나 그는 보스에 대한 베라의 감정이 거짓이라는 것을 알고 있기에 그럴 수 있다. 그는 두목을 배신하되 깊이 배신하지는 않는 셈이다. 마찬가지로, 레오에 의해 버림받고 이탈리아 갱에게 투항했을 때 그는 전형적인 변절자처럼 보인다. 그러나 결말에 이르러 그의 변절이 결국 레오를 구하게 되자 레오는 톰이야말로 자신을 진정으로 위하는 사람임을 깨닫게 된다.

이처럼 톰은 얼핏 보기에 원칙 없고 애매하기 짝이 없는 처신을 일삼는다. 흥미로운 것은 바로 그러한 모호한 처신이야말로 결국 조직의 위기를 구한다는 사실이다. 그것은 톰이 상황의 내적 동학을 파악하는 명민한 안목과 판 전체를 읽는 너른 시야를 가지고 있기 때문에 가능하다. 전체가 아닌 부분만 보는 사람에게나

Joel Coen, Ethan Coen, Miller's Crossing, 1990. ©IMDB

René Magritte, Portrait of Magritte in front of his painting
"The Pilgrim", 1966. ©Oliver Wolleh

톰의 처신이 무원칙해 보일 뿐이다.

톰은 어떻게 해서 전체를 볼 수 있고, 상황의 내적 동학을 읽어낼 수 있었을까. 어떻게 해서 진정한 리더가 될 수 있었을까. 톰은 어느 것에도 몰입하지 않기 때문에 거리를 둘 수 있고, 모든 일에 거리를 두기에 전체를 볼 수 있다.

몰입하지 않는 이가 치러야 할 대가가 있다. 그는 상황으로부터 필연적으로 소외된다. 모두 기뻐 날뛸 때 뒤로 물러나 그 장면을 찍어야 하는 촬영기사처럼, 그는 상황으로부터 소외되어 있다. 그는 어떤 상황에도 몰입하지 않기 때문에 몰입이 주는 쾌감을 누릴 수 없다. 그는 모든 야단법석에 함께하되 그 일부가 되지 않고 늘 거리를 두면서 상황 전체를 생각한다. 게임에 참여하되 게임의 룰과 시작과 끝을 생각한다. 그는 행동하는 자라기보다는 생각하는 자다. 그래서일까, 영화 내내 톰은 어떤 우울에 잠겨 있다.

이 모든 이야기를 집약하는 이미지가 바로 〈밀러스 크로싱〉에 반복해서 나오는 숲속의 모자 이미지다. 톰은 검은 모자가 숲속을 부유하는 꿈을 꾼다. 꿈 이야기를 듣던 베라가 묻는다. "모자를 좇아가서 잡았더니, 그 모자가 다른 것으로 변하지 않았어?" 톰이 대답한다. "아니, 모자를 좇지 않았어." 이것이 톰이다. 모자는 욕망의 대상이다. 사람마다 자기만의 모자가 있다. 돈, 권력, 명예라는 이름의 모자. 보통 사람들은 모자를 좇으며 인생을 소진하고, 정작 모자를 손에 쥐면 그 모자는 다른 것으로 돌변한다. 욕망은 충족되지 않고 갈증은 계속된다.

위대한 리더 톰은 모자를 좇지 않고 바라보기만 한다. 르네 마그리트의 〈필그림(The Pilgrim)〉에서처럼, 그와 모자는 분리되어 있다. 모자라는 욕망을 좇고 있지 않기 때문에, 목전의 상황에 함몰되지 않고 전체를 볼 수 있다. 전체를 볼 수 있는 시선, 이것이야말로 리더의 핵심 자질이다. 전체를 볼 수 있는 시야를 확보하기 위해서는 특정 욕망에 함몰되어서는 안 되고 대상과 늘 거리를 유지해야만 한다. 모자를 사랑하지만 모자를 좇아서는 안 된다. 그에게는 몰입의 쾌감 대신 아득한 피로와 슬픔이 있다. 그것이 전체를 생각하는 리더가 치러야 하는 대가다.

그리고 사람들의 마음 풍경이 바뀌었다

정치 연설

대통령 선거가 일 년도 채 남지 않았다. 대선 출마 선언이 줄을 잇기 시작했다. 정치 연설의 시즌이 온 것이다. 정치 연설은 정책 설명이나 논문 발표가 아니다. 자기 정책의 필요, 비용, 기대효과 등을 상세히 논할 자리는 따로 있다. 정치 연설은 특정한 말하기 방식을 통해 자기 매력을 발산하는 일종의 퍼포먼스다. 사람들로 하여금 전과는 다른 심정을 갖게 만드는 것이 퍼포먼스의 목적이다.

십수 년 전, 가수 나훈아는 각종 괴소문에 시달렸다. 공연을 취소하고 돈을 물어주었다, 기획사가 망했다, 남의 부인을 탐했다, 심지어 유명 여배우와 염문을 뿌리다가 일본 야쿠자에 의해 몸의 '중요 부위'가 도려내졌다는 소문까지 떠돌았다. 참다 못한 나훈아는 2008년 1월 25일 서울 그랜드힐튼호텔 그랜드볼룸에서 기자회견을 열었다. 백수의 왕 사자와도 같은 외모를 하고 일장 연설을 시작했다. 각종 소문은 아무 근거가 없다고 일갈한 뒤, 사자후를 토해냈다. "밑에가 잘렸다고 한다. ……지금부터 이 단상에 올라가서 바지를 벗고 여러분이 원하는 대로 하겠다. 지금 여러분 중에 대표를 얘기해달라. 5분간 보여드리겠다. 아니면 믿겠습니까?" 그러고는 실제로 탁자 위로 올라가 혁대를 풀고 바지 지퍼를 약간 내렸다. 꺄악! 기자회견장에 놀란 여성 청중의 외마디 소리가 울려 퍼졌다.

내가 기억하는 한, 이것은 한국 현대사에서 가장 효과적인 연설 중 하나였다. 이 연설 혹은 퍼포먼스를 통해 가수 나훈아를 둘러싼 괴소문은 실로 잠잠해졌다. 나훈아가 실제로 자신의 벗은 하반신을 보여주었던가? 그래서 자기 아랫도리의 무사함을 과학적으로 증명했던가? 그렇지 않다. 그는 바지 지퍼를 약간 내린 채 탁자 위에 당당히 서서 포효했을 뿐이다. 그리고 사람들의 마음 풍경이 바뀌었다. 괴소문은 사라졌다.

어떤 사안에 대해 과학적으로 접근하기보다는 연극적 상황을 통해 사람들의 마음을 뒤흔들어놓고자 한다는 점에서 연설은 제의적이고 주술적인 성격이 있다. 그러한 정치 연설의 자리에서만큼은 그 정치인이 얼마나 유식한지 혹은 얼마나 이성적인지는 부차적이다. 연단에 오른 정치인이 복잡한 논증을 일삼는다면 사람들은 줄기 시작할 것이다.

　정치 연설을 효과적으로 하려면 일단 무대 선정을 잘해야 한다. 미국 망명에서 돌아온 고(故) 김대중 대통령이 홍사단을 첫 연설 장소로 선택했던 것은 결코 우연이 아니다. 한국 현대사의 특정한 맥락에 자신을 위치시키고 싶어 한 것이다. 잔 다르크의 고해 신부로 유명한 중세 유럽의 순회 설교자 리샤르(Richard) 수사는 해골이 가득 비치된 아치형 통로에서 설교하기를 즐겼다. 그 해골 덕분에 청중들은 지상에서의 삶이 얼마나 덧없는지를 한층 더 생생히 느꼈으리라.

　퍼포먼스라는 점을 감안하면, 외모도 무시할 수 없다. 김종인 전 국민의힘 비상대책위원장은 노무현 전 대통령이 대선에 출마하겠다며 도움을 요청했던 때를 이렇게 회고한 적이 있다. "노무현이 날 찾아와서 '도와주십시오' 했을 때 '저렇게 생긴 사람도 대통령이 될 수 있을까?' 처음엔 그리 생각했다(웃음)." 그렇다고 해서 정치인이 꼭 잘생겨야만 한다는 말은 아니다. 만인의 관음(觀淫) 대상이 될 정도로 잘생긴 사람은 정치같이 고된 일은 안 할 가능성이 크다. 정치인은 잘생기기보다는 상상력을 자극하도록 생겨야 한다. 보는 사람을 튕겨내는 얼굴이 아니라 저 얼굴 속에서 헤엄치고 싶다, 온천을 하고 싶다와 같은 마음이 들어야 한다.

　정책 대결을 해야 할 신성한 선거에서 무슨 외모 타령이냐고? 제가 남보다 잘생겼으니 저를 찍어주십시오. 이렇게 말할 수는 없

Philipp Foltz, Pericles' Funeral Oration, 1852.

다. 그러나 현실 정치에서 외모가 얼마나 집권에 유용한지를 말해
주는 역사적 기록들은 적지 않다.《삼국사기》의 정치인 묘사는 대
개 외모에 대한 언급을 포함하고 있다. 청나라에 간 조선 사신들
은 강희제(康熙帝)의 용모가 황제직을 잘 수행할 만한 면이 있는
지 유심히 살폈다. 현실 정치에 뛰어든 사람이라면 얼굴을 잘 씻
기라도 해야 한다.

　잘 씻은 다음에는 어떤 옷을 입고 어떤 비유를 써서 어떤 몸

짓과 더불어 말을 하느냐가 중요하다. 그 과정을 통해 자기 통제력 수준이 드러난다. 사람들은 생업에 바쁘고 인생은 짧다. 지루한 복색을 한 지루한 정치인이 하는 지루한 연설을 끝까지 들어줄 사람은 많지 않다. 연설 과정에서 자신이 대통령직에 필요한 체력, 에너지, 열정을 가지고 있다는 점을 보여주면 금상첨화다. 버락 오바마 전 미국 대통령이 농구대에 점프슛을 하거나 문을 박차고 나가거나 연단을 가볍게 뛰어 올라가는 모습을 보인 데는 다 이유가 있다.

그렇다고 해서 촐싹대거나 흥분 상태에 있다는 느낌을 주라는 말은 아니다. 최고의 의사 결정을 내릴 사람에게 침착함은 필수적인 덕목이다. 정치인에게 공감 능력은 필수적이지만 공감 능력을 과시한답시고 감정의 물난리가 나서는 안 된다. 로마시대의 분수처럼, 다루기 어려운 수자원을 능숙하게 통제하고 있다는 모습을 보여주는 것이 좋다.

연설의 내용도 물론 중요하다. 보다 나은 정치를 약속하는 마당에 기존 정치를 마냥 찬양할 수는 없다. 아쉬운 현실에 대해 비판적이어야 한다. 그렇다고 해서 자신이 리더십을 발휘하고자 하는 정치 공동체를 저주해서는 안 된다. 이 사회를 살아나가는 사람들의 자긍심에도 호소할 줄 알아야 한다. 고대 그리스의 정치가 페리클레스는 그 유명한 추도식 연설에서 "저는 이 나라가 어떤 원칙들로 인해 현 상태에 도달했는지, 그리고 어떤 체제와 삶의 방식으로 인해 위대해졌는지 우선 밝히겠다"고 말한 바 있다.

연설문에는 장기적인 비전이 담겨야 한다. 시대의 전환기를 맞고 있다는 의식이 팽배한 사회에서는 특히 그렇다. 목전의 청중에게 호소하면서도 제법 시간이 흐른 뒤에 다음 세대가 읽어도 좋을 만한 명료하고도 유려한 연설문을 남겨야 한다. 좋은 연설문은 세대를 뛰어넘어 시민 교육의 바탕이 될 수 있다. 비전을 제시하는 연설문이라면 당대의 청중만 고려해서는 안 된다.

비전을 제시한다고 해서 추상적인 이야기만 일삼으라는 것은 아니다. 추상적인 비전을 사회 현안과 연결할 수 있어야 한다. 예컨대, 이즈음 정치인이 '능력'과 '공정'에 대해서 의견을 표시하는 것은 현안에 눈감고 있지 않다는 증표다. 페리클레스는 추도 연설에서 이렇게 말했다. "사적 분쟁에 관한 한 모두가 법률적으로 평등합니다. 공적인 일에 관한 한……탁월함에 의해서 자리가 주어집니다. 그리고 누군가가 도시에 뭔가 좋은 일을 할 능력이 있다면, 가난에 따른 신분의 미미함으로 인해 제약받는 일도 없습니다." 사적인 일과 공적인 일을 구분하고 탁월함이 요구되는 영역을 명시한 뒤, 그 탁월함은 신분에 관계없이 누구나 발휘할 수 있도록 하겠다는 입장을 불과 몇 문장으로 표현해냈다.

정말 좋은 퍼포먼스를 하기 바란다면 연설 대본을 미리 써놓고 앵무새처럼 읽어서는 안 된다. 아무 연설 대본 없이 즉흥적으로 연설을 하라는 말이 아니다. 좋은 연설 대본을 만들되, 현장의 흐름에 따라 그 대본의 자구(字句)를 벗어날 필요가 느껴지면 과감히 벗어날 수도 있어야 한다는 말이다. 일급 예술가들은 입을 모아 말한다. 사전 계획대로만 되는 작품은 최상의 작품이 아니라고. 글을 쓰는 일이든 퍼포먼스를 펼치는 일이든, 사전 계획을 창의적으로 넘어설 때 진짜 좋은 작품이 된다.

그러한 임의성과 창발성은 프롬프터를 보고 읽는다고 얻어지는 것이 아니다. 연설에 이어지는 질의응답 시간을 적극적으로 활용해야 한다. 까다로운 질문이 제기될까 봐 사전에 질문과 답의 합을 맞추어놓는 것은 멍청한 일이다. 정치인이라면 질의응답을 두려워해서는 안 된다. 질의응답 시간이야말로 자신의 매력을 발산할 수 있는 최적의 기회다. 청중이 질문을 던졌을 때, 정답을 말하려고 전전긍긍할 필요는 없다. 나오는 질문들은 정답을 얻기 위한 질문이라기보다는 그 정치인이 어떤 사람인지 알아보려고 던지는 미끼에 가깝다. 유능한 정치인이라면 자신의 매력을 발휘할 기회로 그 미끼를 활용할 것이다. 유머를 섞거나 질문을 재창조하기도 할 것이다. 관건은 정답을 말하는 것이 아니라 좋은 반응을 보여주는 것이다.

어떤 검사의 정치

법

(이 글에는 〈비밀의 숲〉의 스포일러가 포함되어 있습니다.)

그는 자타가 공인하는 베스트 드라이버다. 오랜만에 그의 차를 타고 함께 점심을 먹으러 가기로 했다. 평소처럼 안정감 있게 핸들을 돌리며, 그는 아침에 관공서에 다녀온 이야기를 시작했다. 교통법규를 어겼으니 경찰에 출두해달라는 통지가 왔거든……. 며칠 전 그는 깜빡이를 켜지 않은 채로 차선을 바꾸었고, 마침 누군가 그 장면을 촬영해서 경찰서에 신고한 것이었다. 뒤에 따라오는 차가 없었기에 깜빡이를 켜지 않았거든…… 그런 점을 감안해서 경찰서에서도 이 사안을 심각하게 보지는 않고 간단히 경고하는 데 그쳤다.

이 건을 통해서 이 사회에 '준법 마니아'라고 부를 만한 사람들이 어딘가 존재한다는 사실을 알게 되었다. 준법 마니아는 평소 눈에 불을 켜고 다니며, 불법행위가 눈에 뜨이기만 하면 기록해서 경찰에 신고한다. 어쩌다 한 번 그러는 것이 아니라 한 달에 수 건, 많게는 수십 건의 불법 사실을 적발해서 보고한다. 그래서 경찰서에는 아예 준법 마니아 리스트가 있을 정도라고 한다. 이 준법 마니아는 금전적 보상을 바라고 사진을 찍어대는 일반 파파라치와는 다르다. 교통법규 위반 사실을 경찰서에 알렸다고 해서 받을 수 있는 포상금은 없다. 아무런 포상금 없이도, 누가 시키지 않아도 준법 마니아는 오늘도 이 사회의 법질서 수호를 위해서 동분서주한다. 일부러 신경 써서 주변의 불법 사실을 포착하고, 일부러 시간을 내어 자료를 정리해서 경찰에 보낸다.

교통법규를 종종 어기는 '보통' 운전자들은 이런 준법 마니아를 좋아하지 않을 것 같다. 다들 소소하게 교통법규를 위반하는데, 신호등이 바뀌지 않았는데도 빨리 가라고 뒤에서 경적을 울려대는 이 사회에서 하필 자기만 신고당해서 경찰에 출두하는 마음이 썩 흔쾌할 것 같지는 않다. 공공질서 수호의 책임을 맡은 경찰들마저도 이 준법 마니아를 크게 반기지는 않는다고 한다. 경미한 위반 사항이라고 해도 일단 신고가 접수되면, 담당 직원은 해당 사건을 처리해야만 한다. 가뜩이나 처리할 일이 산적해 있는데, 그런 업무가 늘어나면 기운이 빠질지 모른다. 자발적 규범 준수, 윤리, 예절, 상식 등이 커버해야 할 사안에 법이 일일이 나서다 보면, 정부는 계속 확대되고 공무원들은 지쳐버릴지 모른다.

얼마 전 종영한 초인기 TV 드라마 〈비밀의 숲 2〉의 주인공 황시목 검사(조승우 분)도 일종의 준법 마니아처럼 보인다. 〈비밀의 숲〉에서는 검찰, 재계, 정계 등 부패로 얼룩진 한국 사회의 어두운 구석구석을 정의로운 검사 황시목이 파헤친다. 〈비밀의 숲〉은 공교롭게도 정부가 적폐 청산과 검찰 개혁을 추진하던 시기와 맞물려 시청자들의 각별한 관심을 끌었다. 〈비밀의 숲〉이 묘사하는 바, 한국 사회는 정상적인 개혁이 불가능해진 곳이다. 무엇이 잘못인지 몰라서 못 고치는 것이 아니다. 모두 무엇이 잘못인지는 알고 있으나 크고 작은 인연, 인맥, 각종 관계로 다들 연루되어 있기에 누구도 그 상황을 근본적으로 수술할 수 없게 되었을 뿐이다. 섣불리 개혁에 뛰어들었다가는 "털어서 먼지 안 나는 사람 없다"는 역풍을 맞고 조용히 매장된다.

이런 상황에서 황시목 검사는 자신이 속해 있는 검찰 조직마저 예외를 두지 않고 잘못을 적시하고 개혁하려 든다. 아무런 포상 없이도, 누가 시키지 않아도 준법 마니아 황시목은 좌고우면(左顧右眄)하지 않고 어떤 예외도 두지 않으면서 범법과 비리의 핵심으로 돌진한다. 대부분의 사람들에게는 불가능할 그런 일을 어떻게 황시목은 해낼까? 그것은 황시목이 '정상인'이 아니기 때문이다. 그는 질병과 수술로 인해 주요 감정을 느끼지 못하게 되었고, 그 결과 외톨이가 되었다. 감정을 느끼지 못하기에, 수사 대상에게 감정이입을 하지 않는다. 외톨이기에 한국 남자들의 패거리 문화에 물들지 않는다. 황시목에게는 군대를 가야 하는 자식도, 요트를 사려 드는 배우자도 없다. 물론 그렇게 사는 대가는 만만치 않다. 호락호락하지 않다는 이유로 선배들의 미움을 사고, 권력과는 거리가 먼 변방으로 좌천된다. 세상에는 잘생긴 외톨이를 좋아하는 여성들이 간혹 있기에, 간혹 고적함을 달랠 수 있을 뿐.

이 황시목이라는 캐릭터는 한국 사회의 절망과 희망을 모두 보여준다. 먼저 절망을 보자. 감정을 느끼지 못하는 외톨이만이 적폐를 청산하려 들 수 있다는 사실 자체가 이 사회의 절망을 보여준다. '감정'이 있는 사람은 조직 없이 살기 어렵고, 조직에서 살아남으려면 역겨운 꼴도 적당히 넘길 줄 알아야 한다는 게 한국 사회의 통념이다. 그렇게 사는 사람들은 정도 차이는 있을지언정 결국 너나 할 것 없이 적폐에 가담하고 있는 셈이다. 특히 사람 좋다는 평판을 듣는 사람일수록 기득권 세력이자 적폐의 핵심일 가능성이 높다. 이런 상황에서 개인이 조직을 이길 수 있을까? 공연히 비판의 목소리를 높여보았자 조직도 자신의 먼지를 털려고 들 것이고, 결국 '왕따'가 되고 말 것이다. 비판적 개인에게 결국 남는 선택지는 조직을 떠나버리는 일뿐인지 모른다.

한편, 〈비밀의 숲〉은 황시목 같은 사람이 있다면 적폐를 청산할 수 있겠다는 희망을 갖게 한다. 특히 〈비밀의 숲 1〉의 결말에서 황시목은 한국 사회 심층에 도사리고 있는 비리와 범죄의 뿌리

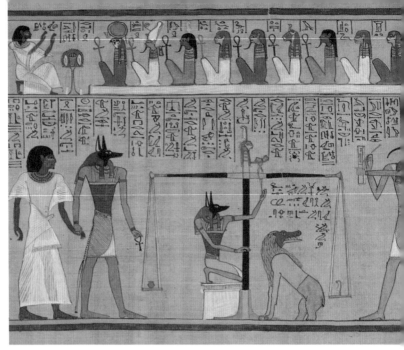

Hunefer, Papyrus of Hunefer, circa 1275 BC.

를 드러내는 데 성공한다. 그러한 결말은 황시목처럼 아예 감정을 도려내고, 어떤 인맥에도 좌우되지 않고, 좌고우면하지 않는, 급진적 준법 마니아만이 한국 사회를 적폐의 수렁에서 건져낼 것 같은 기대를 준다. 그렇다면, 이제 한국의 시민이 할 일은 그런 준법 마니아 혹은 '찐 또라이'를 발굴해서 그에게 수사 전권을 주면 될 것 같다. 아니, 황시목을 검찰총장으로! 아니, 대통령 후보로!

그러나 〈비밀의 숲 2〉에서 황시목은 전작에 비해 더 큰 수사 권력을 누리지만 끝내 아주 만족할 만한 개혁에는 이르지 못한다. 사실 〈비밀의 숲 2〉는 비밀의 숲이 아니라 '떡밥의 숲'에 불과했을 뿐 〈비밀의 숲 1〉에 비해 드라마의 입체감이 부족했다는 중평이 있다.

왜 그랬을까? 〈비밀의 숲 1〉에 등장했던 중요한 캐릭터가 〈비밀의 숲 2〉에서는 사라졌기 때문이다. 그는 바로 배우 유재명이 연기한 검사 이창준이다. 이창준은 원래 도덕적 열망으로 가득했던 개혁적 검사였지만 끝내 비리에 연루되고 만다. 황시목과는 달리 이창준은 감정이 살아 있는 보통 사람이자 조직에서 잘 살아남을 정도로 처세에 능한 사람으로 판명된다.

준법 마니아가 되기에는 복잡한 캐릭터, 선악으로 딱히 양분되지 않는 입체적 캐릭터 이창준은 황시목에게는 없는 통찰력과 신중한 지혜(prudence)를 가지고 있다. 비리에 연루된 이상 자신은 개혁의 주인공이 될 수 없다고 이창준은 판단한다. 이제 이창준은 여느 준법 마니아처럼 좌고우면하지 않고 앞으로만 돌진하는 대신 상황을 깊고 길게 본 뒤에, 그 상황을 타개할 수 있는 정교하고도 입체적인 계획을 마련한다. 부패할 대로 부패한 이 사회에서는 보통 조치로는 되지 않고 황시목 같은 돌직구가 필요하다는 것을 인지한다. 그 돌직구를 제대로 과녁에 던져넣을 수 있게끔 조준할 사람이 필요하다. 황시목이라는 준법 마니아 바둑돌을 아주 적절한 타이밍과 위치에 놓은 뒤, 이창준 자신은 존재의 모순을 안고 투신해버린다. 비극적인 생을 마감해버린다. "그 후배는 잘 써야 합니다." 이제 정조준된 준법 마니아 황시목은 스트라이크를 향하여 질주하기만 하면 된다.

한국 정치사의 흥미로운 국면에서 방영된 〈비밀의 숲〉은 시청자의 관심에 따라 다양한 메시지를 얻을 수 있다. 어떤 시청자는 검찰은 너무 부패했으므로 검찰 권력을 크게 약화해야 한다는 결론에 이를 수 있다. 또 어떤 시청자는 한국의 정경유착은 이미 돌이킬 수 없을 정도로 악화되었다는 결론에 이를 수도 있다. 또 어떤 시청자는 한국의 검찰-경찰 갈등은 구제 불능일 정도로 고착되었다는 결론에 이를 수도 있다. 또 어떤 시청자는 황시목을 연기한 배우 조승우가 고개를 갸웃할 때 꽤 귀엽다는 결론에 이를 수도 있다. 또 어떤 시청자는 경찰을 연기한 배우 배두나에게는 긴 머리보다는 짧은 머리가 어울린다는 결론에 이를 수도 있다. 〈비밀의 숲〉이 전하는 메시지가 하나 더 있다면 이것이다. 우리에게는 준법 마니아가 필요하다. 그뿐 아니라, 준법 마니아를 제 위치에 놓을 수 있는 현자도 필요하다. 법과 신중한 지혜가 모두 필요하다. 경(經: 원칙)과 권(權: 원칙을 아는 이가 구사하는 창의적 조치)이 모두 필요하다.

괴수물을 심각하게 바라보다 보면

———

국 제 관 계

(이 글에는 〈고질라 VS. 콩〉의 스포일러가 포함되어 있습니다.)

고질라, 킹콩, 기도라 등 유구한 괴수물의 전통을 잇는 〈고질라 VS. 콩〉이 개봉했다. 어머, 이건 봐야 해! 세기말적으로 비가 추적 추적 내리던 주말, 지친 몸을 이끌고 아이맥스관에서 우럭을 닮은 고질라와 원숭이를 닮은 킹콩의 난투극을 보고 왔다. 영화 관람 시 재난 대피 안내 화면이 끝나자, 드디어 고질라와 킹콩이 등장한다. 그리고 재개발을 기다려온 구형 아파트 단지 때려 부수듯이 홍콩이라는 도시를 부순다.

괴수물에 대해 종종 제기되는 비판은, 괴수 이외의 등장인물을 그저 배경에 불과하게끔 처리한다는 것이다. 그건 괴수가 건물을 파괴해서 안타깝다는 말만큼이나 타당하지만 안이한 비판이다. 괴수물은 원래 괴수들의 액션을 보기 위해 만든 영화다. 닥치는 대로 때려 부수는 자극을 체험하기 위해 만든 영화다. 재개발 구호만 난무하는 세상을 때려 부수고 싶은 심정, 그 파괴적인 심정을 공감하기 위해 만든 영화다. 건설하는 것을 보고 싶으면 공익광고를 보면 된다.

파괴는 보는 것만으로도 힘든 법. 괴수물을 보고 나오면 기운이 빠진다. 싸움은 괴수들이 했는데, 힘은 내가 든다. 극장에서 나오자마자 달콤하고 잘 부서지는 과자, 웨하스를 먹어야 한다. 입에 거침없이 과자 부스러기를 묻혀가며 와그작 웨하스를 씹어 먹다 보면 한 마리 괴수가 되어 과자로 공들여 만든 도시를 파괴하는 기분이 든다.

그렇다고 해서 괴수물이 단순 자극물에 그치는 것은 아니다. 보기에 따라서는 얼마든지 철학적인 영화도 될 수 있다. 일단 괴수물은 인간중심주의를 벗어나게 해준다. 말끝마다 등장하는 인간 존중, 인간주의, 인본주의, 인간중심주의 등 우리는 그간 너무 인간을 중심에 두는 사고방식, 인간의 가치에 대한 신뢰, 인간성 회복이라는 말들에 익숙해져왔다.

반면, 인간의 한계와 타락을 민감하게 인식하는 이들은 포스트 휴머니즘, 트랜스 휴머니즘 등의 이름으로 인간중심주의를 넘어서려고 분투해왔다. 특히 최근에는 사람과 인공지능이 결합하여 현존 인간의 조건을 넘어서려는 노력이 주목받아왔다. 〈고질라

Horace Pippin, The Blue Tiger, 1933.

VS. 콩〉에서도 일부 과학자들이 그러한 노력 끝에 '메카 고질라' 라는 고질라와 킹콩을 넘어서는 신종 괴수를 만들어내게 된다. 그런데 포스트 휴머니즘이나 트랜스 휴머니즘도 인간이 만든 사조라는 점에서 결국 인간의 일이다. 인간중심주의를 정녕 넘어서려면 인간이 왜소해져야 한다.

크기는 상대적인 것. 인간이 왜소해지려면 인간보다 큰 괴수가 등장해야 한다. 즉 괴수물에 등장하는 괴수들은 인간보다 압도적으로 거대하다. 그 거대함 때문에 영화에서 고질라와 킹콩은 '티탄(titan)'이라고 불린다. 티탄은 헤시오도스의《신들의 계보》등에 등장하는 신화상의 거인족이다. 티탄처럼 거대한 괴수의 싸움터에서 인간들은 대체로 멍청하게 우왕좌왕하면서 괴수들의 싸움을 구경할 뿐, 결정적인 역할을 해서는 안 된다. 일본의 괴수물〈신고질라〉에서 내각의 관료들은 얼마나 무능해 보이던가. 유일한 예외가 킹콩과 교감을 나누는 소녀 지아다. 그리스 신화에서 소년 케달리온이 눈먼 거인 오리온을 안내하듯이, 지아는 킹콩을 인도한다.

괴수물은 철학적인 영화가 될 수 있을 뿐 아니라 정치적인 영화가 될 수도 있다. 고질라와 킹콩이 막판 대결을 벌이는 장소는 다름 아닌 홍콩이다. 홍콩은 이른바 서양 문명과 중국 문명이 혼재한 도시, 미국과 중국 간의 헤게모니 싸움이 일어나는 도시다. 그렇기에 고질라와 킹콩의 격돌은 미국과 중국이라는 두 거대 제국의 헤게모니 싸움에 대한 은유로 보이기도 한다.〈고질라 VS.

Gustave Doré, illustrations to Dante's Inferno, 1857.

콩〉에서는 '알파'는 하나일 수밖에 없다는 대사가 반복된다. 즉 1강만 존재해야 평화가 올 거라고 생각하는 것이다.

사람들은 미중 간의 헤게모니 싸움의 귀결이 어떻게 될지 궁금해한다. 한때 솟아오르던 일본의 기세를 꺾어 눌렀듯이, 미국은 다시 한번 자신에게 도전하는 아시아 국가인 중국을 꺾어 누를 것인가, 아니면 중국이 미국을 제치고 새로운 1강 체제를 구축할 것인가, 그도 아니면 미국과 중국이 서로 낑낑대며 오래도록 힘겨루기를 할 것인가. 〈고질라 VS. 콩〉에 따르면 두 제국의 대결은 공동의 적이 나타남으로써 비로소 해소된다. 고질라와 킹콩이 한참 싸우던 차에, '메카 고질라'라는 제3의 괴수가 나타나는 바람에 고질라와 킹콩은 서로 협력하게 된다.

그러나 이 스토리의 한계는 분명하다. 메카 고질라를 격퇴하고 나면 고질라와 킹콩의 싸움이 다시 시작될 수밖에 없지 않은가. 경쟁하는 괴수들이 존재하는 한 평화는 정착되기 어렵다. 그래서 나는 〈고질라 VS. 고르곤졸라〉라는 후속 괴수물 시나리오를 써보았다. 고르곤졸라는 자신을 희생해서 고질라를 무너뜨리기로 결심한다. 피자로 변신하여 몸에 꿀을 바르고 누워 고질라를 유혹한다. 유혹에 넘어간 고질라는 그만 그 큰 고르곤졸라 피자를 다 먹어치우고 배가 터져 죽고 만다. 그 결과 지구에는 거대 괴수들이 둘 다 사라지고 마침내 평화가 찾아온다. 이 시나리오는 펀딩에 성공할 것인가.

3부

정치는 거기에 없고,
어디에나 있다

시게루가 그토록 육지를 떠나고 싶었던 이유를 상상한다.
여느 사람에게는 파도 소리가 높아서 아무것도 들을 수 없는 세계,
시게루에게는 귀가 들리지 않아 그저 무음 처리된 세계. 그 파도 속에서는
아무도 말하고 들을 수 없어, 누구나 공평하게 귀가 먹는 세계.
시게루가 파도에서 본 것은 그가 경험한 세계 중에서 가장 공정한
세계가 아니었을까.

장소는 우리를 상상하게 한다

—

공간

학생들이 학업 상담뿐 아니라 연애 상담을 하러 오기도 한다. 그 경우, 일단 나는 상담할 거리가 있다는 사실을 축하한다.

"인생에서 뭔가 흥미로운 일이 발생하고 있군요. 그건 일단 좋은 일인 것 같습니다. 매사 시들하고, 하고 싶은 것도 없고, 가슴 설레게 하는 일도 없다면 인생 자체가 재미없을 수 있지요. 연애의 경우 시작은 좋기 마련이나 끝이 좋기는 쉽지 않죠. 그 끝이 이별이든 결혼이든 간에 연애는 언젠가 끝나게 되어 있어요. 마무리를 잘하는 게 중요합니다."

이 정도 조언에 만족하지 않고 구체적인 데이트 전략을 물어보는 학생도 있다. 그럴 때는 이렇게 대답하는 거다.

"데이트 상대가 포유류라면 중간중간 디저트를 먹는 게 중요합니다. 포유류는 허기가 지면 신경이 날카로워지거나 여유를 잃는 경향이 있거든요. 데이트하는 동안 달달함을 유지하는 게 중요합니다. 그리고 디저트만큼이나 중요한 것이 공간이에요. 일단 좋은 산책 코스를 발굴하세요. 멋진 산책로를 걸으면서, 마치 항의하듯이 '대체 왜 나를 좋아하는 거죠?'라는 대사를 읊어보는 거죠. 누가 시장으로 일하든 곳곳에 좋은 산책 공간들이 생기도록 해주었으면 좋겠어요.

실내 공간도 중요해요. 무슨 기념일 식사를 위해서는 아무래도 좀 비싼 식당을 찾아갈 가능성이 높죠. 자신의 소박함을 과시하기 위해 일부러 시장에 가서 길거리 음식을 게걸스럽게 먹을 필요는 없을 것 같습니다. 우리는 정치인이 아니니까요. 대신 상대의 예상보다 약간 더 좋은, 가볍게 놀랄 수 있는 정도의 식당에 가보는 겁니다. 아니, 이렇게까지……라는 생각이 살짝 들 정도로요.

그곳에 가서 양질의 음식을 먹는다고, 음식 자체에만 집착하면 안 됩니다. 맛을 느끼는 일이 단지 혀의 미각돌기의 문제만은 아닙니다. 맛은 상당 부분 상상의 문제입니다. 그래서 요리사들은 음식뿐 아니라 음식의 배치, 식탁, 식탁보, 식기, 인테리어에도 신경을 씁니다. 그림 감상도 마찬가지입니다. 그림 자체뿐 아니라 어떤 액자에 넣어 어느 공간에 어떻게 걸어놓느냐가 감상을 크게 좌우합니다. 옷이 단지 추위를 막는 헝겊 이상의 것이듯이 음식은 허기를 달래는 단백질과 탄수화물 이상의 것입니다. 공간이 발휘하는 상상의 힘은 음식의 맛을 좌우합니다.

공간의 중요성은 단지 실내에만 국한되지 않습니다. 목적지 식당에 이르기까지 동선은 물론 중요합니다. 그에 못지않게 중요한 것이 화장실 동선입니다. 연애 1주년 기념 식사를 하다가, 화장실이 외부에 있어서 추운 밖으로 나가야 한다면, 그것도 건물을 빙 돌아 철문을 열어야 나타나는 지저분한 화장실에 다녀와야 한다면 분위기가 깨지고 말 겁니다."

이 정도 이야기하면 학생도 자못 수긍하는 눈치다. 모처럼 찾아온 학생을 연애 상담만 해서 보낼 수는 없다. 차제에 공부 이야기를 시작한다.

"이게 어디 음식뿐일까요. 공부도 마찬가지인 것 같습니다. 학교에서 공부한다는 것은 인터넷 강의를 듣는 것과 다릅니다. 맛을 느끼는 일이 단지 혀의 미각돌기의 문제에 불과하지 않듯, 공부는 단지 콘텐츠를 머리에 욱여넣는 문제에 불과하지 않습니다. 공부 역시 상당 부분 상상의 문제입니다.

그날의 취지에 맞는 식당을 공들여 찾아가야 하듯이, 자기 공부에 맞는 공간을 애써 찾아갈 필요가 있습니다. 캠퍼스가 다른 장소와 구별되는 이유도 거기에 있습니다. 뭔가 공부에 적절한 공간이어야 하는 거죠. 적절하다는 말이 꼭 건물이 크냐, 빔 프로젝터가 설치되어 있느냐의 문제만은 아닙니다. 휠체어가 들어갈 수 있는 엘리베이터가 존재하느냐, 청소 담당자가 쉴 공간이 있느냐,

구성원들이 자연스레 만날 수 있는 공간이 있느냐도 공부의 상상력에 중요한 역할을 할 겁니다.

실험실, 엘리베이터, 휴게실과 같은 것은 재원만 있다면 비교적 빠른 시간 내에 만들 수 있을 겁니다. 그러나 돈이 있다고 해도 금방 만들 수 없는 것들도 있습니다. 역사가 오래된 건물 같은 것들이지요. 여러분이 다니는 이 캠퍼스의 건물들만 해도 몇십 년만 지나면 때려 부수고 새로 짓기 때문에 거의 다 새 건물들입니다. 새거라고 좋다는 보장은 없습니다.

제 연구실이 있는 이 건물을 예로 들어보죠. 터무니없이 크기만 해서 친해지기 어려운 건물이라고 생각합니다. 어둡고 긴 복도는 사람을 초대하기보다는 밀어내는 느낌을 줍니다. 학생들이 선생을 만나러 오고 싶다가도 어쩐지 복도 앞에서 움츠러들 것 같습니다. 외벽의 타일 색깔은 또 어떻습니까. 많은 이들이 거대한 공중목욕탕이라고 놀리지 않습니까. 건물 밑에 물이 흐르고 있다는 괴담은 과연 사실인지……. 이런 이유로 저도 이 건물을 별로 좋아하지 않았습니다.

그런데 몇 년 전부터 반전이 일어났습니다. 캠퍼스 안에 일 년이 멀다 하고 새 건물들이 속속 들어섬에 따라서 이 건물이 압도적으로 낡아 보이기 시작한 겁니다. 그때부터 저는 이 건물에서 어떤 폐허미를 느끼게 되었습니다. 폐허라……. 폐허만이 줄 수 있는 어떤 기묘한 아름다움과 깊이라는 게 있습니다. 영국에는 잔

William Pars, Ruins of the Temple of Apollo at Didyma, from the north-east, 1764.

해만이 남은 다양한 폐허 유적이 있습니다. 그중에서 저는 폐허가 된 커크햄 수도원(Kirkham Priory)에 가본 적이 있는데 말로 형용하기 어려운 특이한 느낌을 받았습니다. 폐허가 된 파운틴스 수도원 유적(Ruins of Fountains Abbey)도 있죠. 유네스코 세계유산으로 지정되어 매년 적지 않은 사람들이 그곳을 방문합니다. 잔존하는 건물이 단지 오래되어서가 아니라 허물어지고 퇴락한 잔해가 주는 어떤 독특한 울림이 있기 때문이지요.

바로 그와 같은 독특한 울림을 바로 제가 있는 이 건물로부터 받기 시작한 것입니다. 캠퍼스 내의 다른 건물들과 이 건물 간의 격차가 정도 이상으로 벌어져버렸을 때, 그 폐허미의 느낌이 마침 내 왔습니다. 그 느낌은 새 건물은 결코 줄 수 없는 것이라서 주변에 새 건물들이 생기면 생길수록 이 낡은 건물의 가치가 높아지는 것 같았습니다. 조금만 더 버티면 한 시대의 열악했던 미감을 증거하는 유물로서 독보적인 가치를 지니게 될 것 같았습니다. 험난했던 역사를 가르치기에 최적인 건물이 되어가는구나! 그런데 이 건물도 보수 혹은 신축하기로 최근에 결정되었다는군요. 어쩐지 마음 한구석이 허전하네요. 새로 태어나는 건물은 사라질 폐허미를 보상하고 남을 만큼 멋진 건물이기를 바랍니다.

　　이것이 어디 학교 캠퍼스만의 문제일까요. 서울이라는 대도시에 적용해볼 수도 있습니다. 서울을 처음 방문한 외국인에게 도시의 인상을 물으면, 생긴 지 몇십 년밖에 안 된 신도시 같다고 대답하곤 합니다. 그만큼 애써 노력하지 않으면, 역사의 깊이를 느끼기 쉽지 않은 공간이라는 말이겠지요. 역사의 깊이를 느끼지 않으려야 않을 수 없는 도시들도 있지요. 이탈리아의 피렌체나 일본의 교토나 한국의 경주 같은 도시들. 피렌체를 걷다 보면 도처에서 이런저런 성당을 마주치게 되고, 교토를 걷다 보면 크고 작은 절들을 마주치게 되고, 경주를 걷다 보면 여기저기서 무덤들을 마주치게 되고, 서울을 걷다 보면 도처에서 공인중개사 사무소(복덕방)

를 마주치게 됩니다.

일상적으로 무엇을 마주하게 되느냐가 그 사람의 상상력에 영향을 미칠 겁니다. 예컨대, 도시 곳곳에 무덤이 있다면, 길을 걷다가 문득 인간이 필멸자라는 사실을 상기하게 되겠지요. 한 걸음 더 나아가, 공간의 구성은 현실 정치와도 직접적인 관련을 맺습니다. 어디에 어떤 규모의 광장이 있느냐가 집회의 규모와 성격에 영향을 미치겠지요. 주요 관공서가 모여 있느냐, 분산되어 있느냐가 점거의 규모와 동학에 영향을 미치겠지요. 다양한 사람들의 교류를 촉진해야 한다는 이른바 소셜 믹스(social mix) 역시 공간과 밀접한 관계가 있습니다. 그러고 보니, 얼마 전에는 도심에서 퀴어 축제를 여는 데 반대한다며, 퀴어 특구라는 것을 제안한 정치인도 있었네요. 차별과 배제에 반대하는 정치적 구호와 퀴어 특구 제안 간에는 상당한 모순이 느껴집니다.

조속한 해결을 기다리는 여러 행정상의 난제뿐 아니라, 장기적인 공간의 정치에 대해 잘 숙고할 수 있는 이가 정치인 혹은 행정가가 되었으면 좋겠습니다. 연애 상담을 하다가 이야기가 곁길로 빠졌네요. 또 면담을 원하면 언제든 연구실로 다시 오세요."

누군가 이 나라를 몸에 비유한다면

———

정 치 적 비 유

비유는 많은 것을 말해준다. 비유는 그 비유를 사용하는 사람이 대상에 대해 어떻게 생각하는지 알려준다. 누군가 식물의 비유를 사용하는 경우를 생각해보자. "저는 화초 같아요." 이것은 자신이 생명체라는 것, 동물에 비해 일견 연약한 존재라는 것, 그러나 성장하는 존재라는 것, 그리고 성장하기 위해서는 수분, 온도, 거름 같은 외부환경과 보살핌이 필요한 존재라는 것, 그런 환경과 보살핌이 없다면 말라죽을 수도 있는 존재라는 것을 말해준다.

비유에 주목하면 모호했던 존재에 대해 좀 더 잘 알 수 있다. 연인이라는 가까우면서도 모호한 존재에 대해 생각해보자. 당신의 연인이 당신 코를 보며 말한다. "당신 콧구멍, 우주 같아요." 콧구멍을 우주에 비유했다는 것은 콧구멍이 크고 어둡다는 것, 그리고 연인이 그 어둠 속에서 무한한 깊이와 신비를 발견했다는 것을 알려준다. 연인이 당신 가슴을 보며 말한다. "당신 가슴에 난 털, 난초 같아." 몇 가닥 나지도 않은 가슴털을 난초에 비유했다는 것은, 그 털들이 묵란(墨蘭: 먹으로 그린 난초 그림)처럼 보인다는 것, 즉 사랑에 눈먼 나머지 별게 다 좋게 보이는 중이라는 사실을 알려준다. 당신의 털을 난초에 비유한다? 그것은 참사랑이다. 그런 사람이라면 절대 놓치면 안 된다.

마음이란 모호한 존재다. 내 마음 나도 모른다는 노래 가사도 있지 않은가. 그 모호한 마음을 호수에 비유한다면 어떨까. 출근길 라디오에서 가곡이 흘러나온다. "내 마음은 호수요, 그대 저어 오오……." 호수에 비유된 마음은 아마도 고요할 것이다. 그리고 노를 젓는 수고를 아끼지 않는다면 가 닿을 수도 있는 어떤 것이다. 동시에 노를 서툴게 저으면 다가갈 수 없을 뿐 아니라 자칫 빠져 죽을 수도 있는 어떤 것이다. 마음을 호수가 아니라 매립지에 비유한다면 어떨까. 매립지로서의 마음이란 기분 나쁜 상대를 묻어버리는 곳 혹은 이런저런 기억을 파묻는 곳인지도 모른다.

이처럼 비유는 알쏭달쏭한 대상을 표현하거나 파악하는 데 도움을 준다. 정치의 세계에서도 마찬가지다. 알쏭달쏭한 정치 언어 중 하나가 '공동체'라는 말이다. 광의의 공동체는 정치적, 사회적 조직체 일반을 가리키기도 하지만, 협의의 공동체는 유기체적 성격을 가진 조직체를 주로 지칭한다. 유기체적 조직이란 파편화된 부분들이 가까스로 모여 있는 조직이 아니라 부분이 전체의 자연스러운 일부인 조직, 밖으로 드러난 명시적인 규약에 의해 가입하고 탈퇴하는 조직이 아니라 내적인 관계에 의해 연결되어 있는 조직, 각 부분의 독립성보다는 부분들의 상호의존성이 두드러지는 조직을 뜻한다.

몸은 대표적인 유기체다. 팔, 다리, 머리, 손톱, 발톱, 복사뼈, 쇄골 등이 어느 날 모여 정관(定款)을 만들고 그 정관에 의거해서 몸을 구성하는 것이 아니다. 몸은 유기체이므로, 신체 각 부분이 계약을 통해 가입하거나 탈퇴하지 않는다. 어느 날 이빨이 빠진다고 해서 이빨이 더 이상 씹는 노동을 하기 싫어서 계약 해지를 하는 것이 아니다. 어느 날 탈모가 온다고 해서 머리털이 두피의 나라로부터 탈퇴 의사를 밝히는 것이 아니다. 어르고 달랜다고 해서 머리털이 돌아오지는 않는다. 탈모는 유기체로서 몸이 겪는 생명 활동의 일부다.

가족이 유기체적 조직일까? 논란의 여지가 있지만 많은 사람들이 여전히 가족을 유기체로 생각하고 싶어 한다. 그래서 누군가 회사를, 나라를 혹은 인류 전체를 하나의 가족에 비유한다면 그는 해당 조직을 유기체로 간주하는 것이다. "우리 회사는 한 가족입니다!" "우리 민족은 한 가족입니다!" "인류는 한 가족입니다!" "다투면 안 돼. 우리는 한 가족!"이라는 표현에서 드러나듯이, 유기체 비유를 즐겨 쓰는 조직은 갈등을 당연시하기보다는 갈등 자체가 조직의 본성에 맞지 않는다고 생각할 공산이 크다. 예컨대, 유기체적 비유를 자주 쓰는 회사가 노사 갈등을 당연시할 가능성은 낮다.

국가에 대해서도 유기체 비유가 자주 사용되어왔다. 이른바 '정체(政體, body politic)'의 비유가 그것이다. 각 집단들은 국가라는 몸을 구성하는 개별 기관들로 상상되었던 것이다. 흔히 중세 유럽에서 이러한 정체의 비유가 유행했다고 알려져 있으나 동서고금을 막론하고 이 정체의 비유는 널리 사용되어왔다. 이를테면 왕이나 황제를 머리로 보고 신하를 수족으로 간주하는 '신하고굉(臣下股肱)'론 역시 정체의 비유 중 하나다. 조선시대 지식인 최충성(崔忠成)은 한 걸음 더 나아가 하나의 국가뿐 아니라 천하 전체를 사람에 비유하기도 했다. "천하는 하나의 사람이다(夫天下一人而已)."

정치체를 몸에 비유하는 많은 말들이 다 같은 뜻은 아니다. 그러나 대체로 다음과 같은 공통점이 있다. 일단, 몸의 각 부분이 흩어져 있어서는 제 기능을 하기 어렵듯이, 정치체를 이루는 각 부분이 연결되어 있어야 함을 강조한다. 그리고 몸의 각 부분이 나머지 부분과 무관하게 제멋대로 굴면 제 기능을 하기 어렵듯이, 정치체를 이루는 각 부분이 상호 조화를 이루어야 함을 강조한다. 그러다 보면 몸의 비유를 이용해서 정부나 경영자가 국민이나 사원에게 이렇게 말할 수도 있다. 정부에 좋으면 그게 시민사회에도 좋은 거고, 부유층에게 좋으면 그게 빈민에게도 좋은 거고, 간부에게 좋으면 그게 말단 직원에게도 좋은 거고, 노인에게 좋으면 그게 청년에게도 좋은 거여. 우리는 한 몸이니까.

그렇다고 해서 몸의 비유가 늘 정부나 경영자 측에 유리하기만 한 것도 아니다. 국민들이 나라를 한 몸으로 느끼게 하고 싶거든, 사원들이 회사를 유기체로 간주하게 하고 싶거든, 그리고 리더가 유기체의 머리 행세를 하고 싶거든, 그에 따르는 비용을 감당할 준비가 되어 있어야 한다. 리더가 자원을 분배하기는커녕 자신의 우월한 위치를 활용해서 자원을 편취하면 나머지 사람들은 한 몸이라는 환상을 버리기 시작할 것이다. 한 몸은 무슨 얼어 죽을 한 몸? 내 개인의 권리를 찾아야겠다! 이른바 '정치적 각성'이 시작되는 것이다.

사람의 몸도 마찬가지다. 머리와 심장이 혈액을 사지 끝까지 보내주지 않고 움켜쥐고만 있으면 몸은 더 이상 유기체로 느껴지지 않는다. 그러다 보면 쉽게 담이 걸린다. 남성미를 과시한답시고 중년 남성이 셔츠 윗단추를 풀어 헤치고 갑자기 고개를 홱 돌려 후진 운전을 하다가는 바로 담이 온다. 노화와 더불어 체력이 저하되면 후진 운전은커녕 가만히 앉아 사지를 몸에 붙이고 있는 것만도 힘들다. 애써 팔다리를 몸에 부착시키지 않으면 팔다리가 떨어져 바닥에 구를 것 같다. 몸이 몸처럼 느껴지려면, 에너지가 전신에 충분히 공급되어야 한다. 공동체의 머리로 자처하는 리더가 몸의 각 부분에 나누어줄 에너지와 자원이 부족하면, 몸의 각 부분은 해체된다. 이제 각자 딴살림을 차려야겠다는 각성이 시작된다.

그 각성이라는 것에도 비용이 따른다. 조직이 대신 해주고 있던 역할을 이제 자기 스스로 수행해야 하고, 암묵적 관계를 명시적 계약관계로 바꾸어야 하고, 주기적으로 갈등과 협상을 거쳐 관계의 지속 여부를 결정해야 한다. 이러한 과정 자체가 고도의 에너지를 필요로 하는 일이다. 독립을 원한 나머지 회사를 박차고 나와 프리랜서로 일하는 사람들의 이야기를 경청해보라. 독립과 자유는 공짜가 아니다. 혼자 살아내기 위해서 회사에 다닐 때보다 더 부지런히 일해야 한다는 하소연을 듣게 될 것이다. 지친 프리랜서는 회사 책상에 앉아 '멍 때리고' 있던 옛 시절이 간혹 그리울지도 모른다.

사실 멍 때리고 있는 상태는 그 나름 솔깃한 구석이 없지 않다. 매일매일 일에 쫓겨 사는 한국인들에게 멍 때리는 상태는 각성 상태만큼이나 유혹적이다. 코로나 바이러스가 창궐하기 전에는 "한강 멍 때리기 대회"가 열리곤 했다. 각종 분발과 각성에 지친 사람들이 한강변에 모여, 함께 강물을 바라보며 멍을 때리는 달콤한 시간을 가졌다. 멍 때리는 것은 고도의 훈련을 요구하는 명상과는 다르다. 복식 호흡 같은 것에 연연하지 말고, 그저 때려버려야 하는 것이다, 하나의 아름다운 멍을. 정신줄을 적당히 놓은 이 상태

Unknown, Avis aus Roys, 1347-1350.

는 중독성이 있으니, 사람들은 급기야 각성을 하지 않을 수 없도록 내몰린 자기 처지를 한탄하는 지경에 이를지도 모른다. 정치적 각성이나 민주주의에도 감당해야 할 비용이 있다.

어디에서 와서 어디로 가는가

시대의 동선, 동선의 시대

바이러스 감염 경로 추적을 위해 그 어느 때보다 더 사람들의 동선이 주목받는 시절이 되었다. 그런데 사람들의 동선은 좀처럼 박물관으로 향하지 않는다. 코비드 19의 확산을 막기 위해 전시장이 자주 문을 닫기 때문이다. 사람들은 여전히 볼 것을 갈구하지만 그 욕구는 박물관이 아닌 온라인 동영상 서비스(OTT)를 통해 주로 채워진다. 그러나 내게 전시 관람은 무엇보다 직접 전시장에 가서 보는 행위다. 그리고 관람은 전시물을 볼 때 비로소 시작되는 것이 아니라 전시장으로 걸음을 옮길 때 이미 시작된다. 디저트 타임이 디저트를 입에 넣을 때 비로소 시작되는 것이 아니라 밥을 차리기 시작할 때 이미 시작되듯이. 밥과 반찬은 디저트를 만나러 가기 위한 긴 동선의 일부다.

왜 디저트인가. 디저트를 먹는 일은 밥과 반찬으로만 연결되는 단선적인 숟가락질 동선을 흐트러뜨리고, 섭생으로만 정의되는 식생활에 제동을 거는 행위이기 때문이다. 서평지 《서울리뷰오브북스》에서 건축가 강예린은 "단지 안-지하 주차장-엘리베이터-방화문-내 집 안"으로 연결되는 단선적인 동선을 어떻게 흐트러뜨릴 수 있는지를 고민한다. 그래야만 "주거와 노동을 바싹 묶어 버리고 쇼핑 이외에는 도시와 관계 맺지 않으려는 삶"에 균열을 낼 수 있으리라 전망한다. 나의 박물관행은 직장에서 집 안으로 연결되는 단선적인 동선을 흐트러뜨리고, 낯선 환경과 맺어지지 않으려는 게으름에 균열을 내는 행위다.

그리하여 온라인 동영상 서비스 채널을 끄고 긴 시간 홀로 걸어, 닫힌 박물관 앞까지 다녀왔다. 그 행위만으로도 코비드 19가 단순화시킨 내 동선에 균열을 낸 느낌이었다. 무엇인가 그 나름대로 충만한 것을 경험하고 온 느낌이었다. 실제로 박물관들은 전시실 못지않게 방문 동선에도 섬세한 배려를 해놓은 경우가 적지 않다. 국립중앙박물관의 경우만 해도 지하철 출구에서 입구에 이르기까지 다양한 전시판들과 잘 수집된 탑들이 관객들을 반긴다.

뉴욕 메트로폴리탄 박물관의 경우는 어떤가. 박물관 앞에 도착한 관객은 새삼 건물 안에 들어가기 위해서 길게 이어진 상향식 계단을 한참 올라가야만 한다. 이 긴 계단은 박물관이란 일상

Giovanni Battista Piranesi, The Drawbridge, from Carceri d'invenzione, circa 1749–1750.

의 공간과는 다른 곳이며, 그 공간에 입장하기 위해서는 마음의 대기실이 필요하다는 선언과도 같다. 보행로와 박물관 입구 사이의 긴 상향식 공간을 통과하며 관객은 뭔가 경외로운 대상을 향해 나아가고 있다는 느낌을 갖게 된다.

반대의 경우도 있다. 지속적으로 하향하는 공간에서 인간은 우울감을 경험하기 쉽다. 바로 그러한 우울감을 경험하게끔 만든 작품이 미국의 예술가 브루스 나우먼(Bruce Nauman)의 〈우울 스퀘어(Square Depression)〉다. "부정적 피라미드"라는 별칭에 걸맞게, 중심부로 걸어 들어갈수록 관람자의 위상은 낮아진다. 중심부에 도착한 관람자는 비록 무대의 중심에 있지만 자신을 둘러싼 위압적인 불모의 환경으로 인해 우울감을 느끼게 된다.

동선의 중요성은 건물 안에 들어갔다고 해서 사라지지 않는다. 에세이스트인 스가 아쓰코는 18세기 이탈리아 건축가 피라네시(Giovanni Battista Piranesi)의 〈상상의 감옥(Carceri d'invenzione)〉 도판을 보면서 18세기 유럽의 굴절된 시대정신을 읽는다. 그 시대정신은 다른 무엇보다도 〈상상의 감옥〉에 펼쳐져 있는 동선에 구현되어 있다. "어딘가에서 내려오고, 또 그것이 무엇을 의미하는지 잘 알지도 못한 채 다시 한번 높은 데를 향해 상승하는 계단, 거의 필연성이 없는 장소에 만들어진 길이도 모양도 별개인 돌난간…… 거기서 드러나는 것은 오히려 의미 있는 듯이 그림 속에 놓인 고문 기구 자체보다 훨씬 끔찍한 고문이 아

Bruce Nauman, Square Depresssion, 2007. ©ROMAN MENSING

닐까 생각되었다."

코비드 19의 시대는 전에 없이 꼼꼼히 동선을 기록하는 시대이기도 하다. 이 재난이 끝나고 많은 시간이 흐른 먼 훗날, 이 동선의 기록이야말로 이 시대를 증거할 것이다.

두 편의 서핑 영화

현실도피

서핑 영화는 현실도피의 영화다. 현실이 힘겨운 사람들은 현실의 가장자리인 해변으로 간다. 거기서 더는 나아갈 수 없는 인간의 한계와 현실의 강고함을 인지한다. 잠시나마 현실을 떠나고 싶은 사람들은 서핑 보드라는 최소한의 도구를 가지고 파도에 직접 부딪친다. 스트레스를 해소하고 다시 현실의 육지로 돌아온다. 그러나 어떤 서핑 영화에는 육지로 끝내 돌아오지 않는 사람들이 나온다.

여기 두 편의 서핑 영화가 있다. 캐서린 비글로우 감독의 〈폭풍 속으로〉와 기타노 다케시 감독의 〈그 여름 가장 조용한 바다〉. 〈폭풍 속으로〉는 양각(陽刻)으로 새긴 서핑 영화다. 아드레날린 중독자의 영화답게 빠른 카메라 워크와 클로즈업과 타오르는 불길과 세상을 삼킬 듯한 파도와 지각으로 떨어지는 스카이다이빙과 격렬한 키스와 거친 총격과 과감한 질주와 고함치는 목소리로 가득하다. 주인공 보디사트바(菩薩)는 기성 시스템을 인정하지 않고, 목전의 현실에 안주하려 들지 않는다. 전직 대통령 가면을 쓰고 은행을 털고, 가장 험한 파도를 찾아 서핑을 떠난다. 50년 만에 도래한 최대의 파도 앞에 선 보디사트바. 오랫동안 그를 추적해온 경찰은 마침내 그를 체포하려 들지만 보디사트바는 아무도 엄두를 내지 못할 거대한 파도 속으로 서핑을 시작하고, 다시는 돌아오지 않는다.

기타노 다케시 감독의 〈그 여름 가장 조용한 바다〉는 음각(陰刻)으로 새긴 서핑 영화다. 허무의 중독자 영화답게 거기에는 타오르는 불길도 스카이다이빙도 총격도 고함 소리도 없다. 그곳에서 연인들은 키스를 하지 않고, 단지 말없이 나란히 걸을 뿐이다. 카메라는 거의 이동하지 않고 시퀀스는 대개 정지된 장면들의 투박한 연결로 이루어진다. 관객은 클로즈업 없이 담담하게 이어진 영상 그림책을 읽고 덮는다. 미처 보여주지 않고 들려주지 않은 것을 상상한다.

〈그 여름 가장 조용한 바다〉에는 네 부류의 사람들이 나온다. 몰려다니며 축구하는 사람들, 쓰레기를 수거하는 사람들, 서핑하는 사람들, 그리고 홀로 서핑을 하러 나가 영원히 돌아오지 않는 사람. 사람들이 축구를 할 때, 청각장애인 청년 시게루는 쓰레기를

Kathryn Bigelow, Point Break, 1991. ©IMDB

수거한다. 그러다 저 너머 해변의 서퍼를 보고 매료된다. 서핑을 배워 마침내 서핑 대회에까지 참가하지만 귀가 들리지 않는 시게루는 자기 순서가 돌아온 줄을 몰라 그냥 집으로 돌아와야 한다.

〈폭풍 속으로〉에서 가장 로맨틱한(?) 부분은 경찰이 연인을 구하기 위해 할 수 없이 은행 강도에 가담하는 장면이다. 그는 사랑 때문에 자신이 수호해야 할 공공질서를 파괴한다. 〈그 여름 가장 조용한 바다〉에서 가장 로맨틱한 부분은 시게루가 연인이 탄 버스를 따라서 서핑 보드를 들고 뛰는 밤 장면이다. 서핑 보드를 들고 버스에 타는 것이 금지되어 있기에, 그는 연인과 함께 탈 수 없다. 그는 서핑 보드를 옆에 끼고 밤거리를 질주하기 시작한다.

자신이 처한 현실에 대해 단 한마디 불평도 소리 내어 말한 적이 없던 시게루는 어느 날 서핑을 나가 다시는 현실로 돌아오지 않는다. 〈폭풍 속으로〉의 보디사트바처럼 바다 속으로 사라진다. 시게루가 홀로 사라져간, 파도 휘몰아치는 바다를 상상한다. 시게루가 그토록 육지를 떠나고 싶었던 이유를 상상한다. 여느 사람에게는 파도 소리가 높아서 아무것도 들을 수 없는 세계, 시게루에게는 귀가 들리지 않아 그저 무음 처리된 세계. 그 파도 속에서는 아무도 말하고 들을 수 없어, 누구나 공평하게 귀가 먹는 세계. 시게루가 파도에서 본 것은 그가 경험한 세계 중에서 가장 공정한 세계가 아니었을까. 그것은 그 여름 가장 조용한 바다다.

Takeshi Kitano, A Scene at the Sea, 1991. ©IMDB

갱 영화와 교차편집

───

성과 속

　　마틴 스코세이지 감독의 영화 〈아이리시맨〉이 넷플릭스에서 상영 중이다. 로버트 드 니로, 알 파치노, 조 페시 등 미국 고전 갱 영화들에 출연했던 명배우들을 한자리에서 볼 수 있다. 전쟁 영화가 실제 전쟁을 그대로 담지 않듯이, 갱 영화가 실제 갱을 그대로 담지는 않는다. 갱이 아니라 갱에 관한 어떤 꿈을 담는다. 악몽이되, 때로 아름답기도 한, 기이한 꿈을 담는다.

　　갱스터는 영화에서 협박을 가하고, 총을 쏘고, 목을 조르고, 피 묻은 손을 씻는다. 그리하여 세상은 강자들의 잔치 같아 보이지만 사실 갱스터는 약자다. 갱스터의 세계란 신대륙에 뒤늦게 건너온 약자들이 합법적인 삶의 경로를 찾지 못했을 때 도달하는 곳이다. 아직 기력이 남아 있는 누군가가 그저 약자로만 찌그러져 있지 않겠다는 야심을 가질 때, 그러나 합법적인 통로로는 도저히 권력에 접근하기 어려울 때, 갱스터의 길을 가게 된다.

사회의 진정한 강자는 갱스터처럼 명시적인 폭력을 사용할 필요가 없다. 그들은 총을 드는 대신 정갈한 레스토랑에 가서 유력자들과 잘 준비된 만찬을 즐긴다. 가장 명시적이고 피비린내 나는 폭력은 말단 조직원의 몫이다. 피비린내 나는 총격이 시작될 때, 온유함과 명민함을 갖춘 보스는 거실에서 고양이 털을 쓰다듬거나 맛있는 파이를 한 조각 잘라 입에 넣는다.

불법의 협궤 열차에 올라탄 인생은 쉽게 선로에서 내릴 수 없다. 옛날 고등학교 유도부처럼, 가입은 쉬워도 탈퇴가 어려운 곳들이 있다. 탈퇴하고 싶으면 500대 맞고 나가라. 선로에서 내리는 일이 불가능할 때, 결말은 파국으로 정해져 있다. 남은 선택지는 어떤 자세로 얼마나 멀리 가느냐일 뿐. 갱스터 영화는, 왜 사는지는 모르지만 그래도 열심히 사는 게 인생 아니냐며 미친 듯이 살다가 병든 육신을 갖게 된 이들이 보기에 좋은 영화다.

영화 속에서 이 도착(倒錯)된 삶에 대한 가장 냉정한 평가자는 여자들이다. 〈대부〉에서 아내는 갱스터 마이클의 아이를 일부러 유산하고 떠난다. 〈아이리시맨〉에서 딸은 마모된 육신을 질질 끌고 직장으로 찾아온 늙은 갱스터 아버지를 끝내 외면한다. 남편들과 아버지들은 입을 모아 변명한다. 이 짐승 같은 세상에서 너희를 보호하기 위해서 한 일일 뿐이라고. 너희들이 누리고 살 수 있었던 것은 내가 손에 피를 묻혔기 때문이라고. 나의 불법 때문에 너희의 합법이 가능했다고. 그들은 용서받지 못한다.

갱 영화를 상징하는 영상 언어는 교차편집이다. 〈대부 1〉의 클라이맥스. 상대를 살육하는 장면과 아이의 세례식에 참석하는 장면이 교차편집된다. 가장 속(俗)스러운 장면과 가장 성(聖)스러운 장면이 리드미컬하게 갈마든다. 속으로 인해 성은 더욱 성스러워 보이고, 성으로 인해 속은 더 속스러워 보이다가, 결국 성과 속의 구별이 와해된다. 세례가 살해처럼 보이고, 살해가 세례처럼 보인다. 〈아이리시맨〉에서 교차편집 역할을 대신한 것이 꽃다발 너머의 총격 장면이다. 상대를 살육하는 총성이 울려 퍼지는 가운데 카메라는 집요하게 아름다운 꽃다발만 응시한다. 총성이 꽃다발의 비명처럼 느껴질 때까지.

2020년 1월 3일 미군이 바그다드에서 드론을 이용해 이란 특수부대 솔레이마니 사령관을 살해했다. 트럼프 전 미국 대통령은 공습이 진행되는 동안 지인들과 아이스크림을 먹고 있었다고 언론은 전했다. 이 언론 기사 역시 교차편집을 통해 독자들에게 어떤 살육을 전한다. 성당의 세례식과 난폭한 총질이 교차편집되던 것처럼, 아랍권 성지 바그다드에서의 살해 장면과 패권국 수도 워싱턴에서의 아이스크림 장면이 갈마든다. 누런 흙 위에 뿌려졌을 붉은 피, 그리고 붉은 혀 위에서 녹았을 하얀 아이스크림.

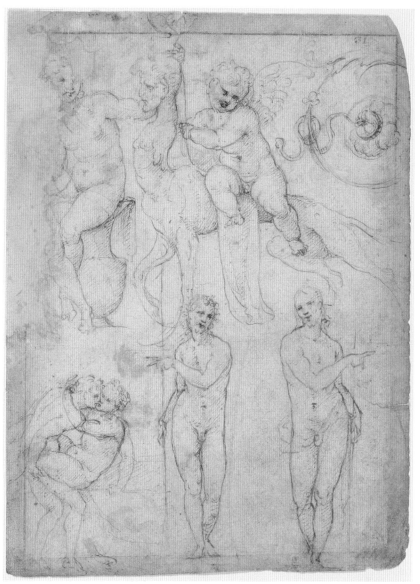

Cesare da Sesto, An Amorino Riding a Monster; a Female Seated on an Urn; a Couple Embracing; Figures of Christ and Saint John the Baptist. circa 1508-1512.

상처받은 이의 고통과 영광

공감

14세기 유럽, 역병이 돌자 사람들은 성모상을 앞에 두고 기도한다. 성모 마리아는 죽은 아들을 안고 눈물을 흘린 사람. 그 자신이 고통받은 사람이기에, 상처받은 이에게 위로를 준다. 각별한 기도의 대상이 된다. 지금도 유럽 중세 도시의 뒷골목을 걷다 보면 골목의 벽감(壁龕)에 모셔져 있는 성모상을 발견할 수 있다. 세상의 고통은 끝날 줄을 모르고, 사람들은 여전히 기도한다.

전염병으로 고통받는 이들을 위한 수호성인 로코는 순례자였다. 현재 이탈리아 라치오주에 있는 아쿠아펜덴테를 지나던 로코는 전염병으로 신음하는 이들을 발견하고 순례를 잠시 멈춘다. 병자들을 돕다가 전염병에 걸리고, 그 역시 병으로 인해 고통받는 사람이 된다. 로코를 주제로 한 그림이나 조각들은 예외 없이 허벽지에 각인된 전염병 발진 상처를 묘사한다. 전염병으로 고통받는 이들을 돌보았던 수호성인 역시 고통받고 상처받은 사람이었음을 나타낸다. 로코의 전염병은 결국 나았으나, 후유증으로 인해 외모가 크게 변하고 만다. 사람들은 그를 적국의 간첩으로 오인하여 감옥에 가둔다. 로코는 전염병 때문이 아니라 감옥에 갇혀서 죽는다. 죽고 나서야 그가 로코였다는 것을 알게 된 사람들은 서로 그의 시신을 자기네 도시에서 모시려고 다툼을 시작한다.

중세에 전염병이 돌면, 사람들은 태피스트리로 외부를 막고 성서를 읽는다. 21세기에 전염병이 돌면 사람들은 문을 잠그고 집에서 넷플릭스를 본다. 최근에 지브리 스튜디오의 고전 애니메이션들이 일제히 넷플릭스에 올라왔다. 생태주의적 사유를 담은 것으로 흔히 이야기되는 미야자키 하야오의 〈모노노케 히메〉를 다시 본다. 영화는 재앙신이 아시타카의 마을로 돌진하는 장면으로부터 시작한다. 누구나 역치 이상의 자극을 받으면 돌진하고, 고통이 마음의 잔을 넘치면 재앙신이 된다. 신은 도처에 있다. 아시타카는 재앙신에게 말한다. 분노를 거두라고, 정신을 차리라고, 그래야 모두가 산다고. 재앙신이 "아, 그렇군. 내가 화를 내면 안 되지"라며 멈추어 섰다면 시청자 비위를 맞추는 주말 드라마가 되었을지 모른다. 그러나 재앙신은 멈추지 않고, 아시타카는 활을 쏘아 재앙신을 죽인다. 죽고 나서야 재앙신 속에 상처 입은 멧돼지가 들어 있었음이 드러난다.

Francisco Ribalta, San Roque, circa 1600-1610.

나는 〈모노노케 히메〉를 상처에 관한 영화라고 생각해왔다. 소년 아시타카가 재앙신에 의해 팔에 상처를 입은 이후 영화는 핵심으로 진입한다. 아시타카는 그 상처를 치유하기 위해 먼 길을 떠나며, 영화의 중반에 이르러 또 하나의 상처받은 영혼인 모노노케 히메를 만난다. 우여곡절 끝에 그 둘은 힘을 합쳐 숲의 신을 구해낸다. 그 일이 끝났을 때, 숲에는 새로운 싹이 돋고, 아시타카의 팔에 있던 상처는 치유된다. 추억처럼 희미한 흉터만을 남기고. 그러니까 이것은 상처와 치유에 대한 영화다.

이 영화에서 재앙신의 이미지는 잊기 어렵다. 재앙신은 온몸에 검은 불길과도 같은 꿈틀거림을 가지고 돌진하며, 그 주변의 것들은 모두 저주받는다. 재앙신은 악마와는 다르다. 어떠한 순정한 생물이, 그것도 멧돼지와 같이 강렬한 에너지를 가진 어떠한 순정한 생물이, 고통을 이기지 못했을 때, 고통스러운 나머지 정신을 놓아버렸을 때, 그것은 마침내 재앙신이 된다. 그것이 돌진하는 이유는 고통스럽기 때문이다. 그것이 파괴하며 저주를 쏟아내는 이유는 고통스럽기 때문이다.

이 비극을 끝내는 것이 바로 재앙신으로부터 상처 입은 아시타카, 그리고 인간으로부터 버림받아 인간을 저주하게 된 모노노케 히메라는 점은 상처 입은 이들에게 용기를 줄지도 모른다. 그것은 상처받은 인간만이, 자신을 넘어 타인의 상처를 이해하고 공감하고 치유하는 영광을 누릴 수 있다는 뜻이기 때문이다.

식물이 질주한다

보통 사람들

(이 글에는 〈미나리〉의 스포일러가 포함되어 있습니다.)

미국 유학 막바지 시절 이야기다. 졸업이 다가오니 새삼 취업 문제를 생각해보게 되었다. 고분고분하지 않았던 지난 학창 시절을 돌이켜 보니, 무작정 귀국한다고 취직이 될 것 같지 않았다. 그래서 미국에서 구직 활동을 하게 되었다. 지원서를 준비하던 내게 미국인 친구가 충고했다. "이 지역은 지원하지 마라. 미국에서 오래 살지 않은 너로서는 적응하기 어려울 거야." 그러면서 지목한 지역이 미국의 아칸소주와 앨라배마주였다. 영화 〈미나리〉는 바로 그 아칸소주에 이민 온 한국인 가족의 적응기를 담았다.

영화를 보는 내내, 옛 친구에게 새삼 감사했다. 그 정도로 〈미나리〉의 주인공들은 고생을 거듭한다. 어떤 사연에서인지 그들은 한국을 떠나 미국으로 건너왔다. 아마도 한국에서 그들의 삶은 순탄하지 않았으리라. 그들이 처음 정착을 시도한 지역은 이민자들이 많이 사는 캘리포니아 도시 지역. 그러나 그곳 한인들과 어떤 심각한 갈등이 있었던 것 같다. 그들은 아칸소의 시골 지역으로 다시 이사한다.

아칸소로의 이주는 일종의 배수진인 셈이다. 그러나 수영을 할 줄 아는 사람의 배수진과 할 줄 모르는 사람의 배수진은 다르다. 아이들을 건사하면서 하는 병아리 감별과 농장 경영은 버겁기 짝이 없고 그 버거움을 견디기 위해 신앙에 의지해보지만, 그 역시 만만치 않다. 마침내 그들을 돕기 위해 한국에서 할머니가 온다. 적응이 어렵다는 이국땅이건만, 어디든 잘 적응하는 여러해살이풀 미나리처럼 할머니는 개의치 않고 짐을 바리바리 챙겨서 온다.

할머니는 도움이 된다. 손주와 놀아주기도 하고, 집안일을 거들어주기도 하고, 인근 계곡에 미나리를 심기도 한다. 미나리를 심은 계곡에서 뱀을 발견한 손주에게 할머니는 말한다. 저렇게 자신을 드러낸 것은 무섭지 않다고. 무서운 건 보이지 않는 것이라고. 그렇다. 보이는 것이 있고, 보이지 않는 것이 있다. 표층이 있고 심층이 있다. 표면이 있고 저류가 있다. 보이지 않던 것은 어느 날 예상치 않게 표면으로 떠올라 사람을 놀라게 한다. 그것이 바로 삶의 아이러니다.

할머니 몸속의 어떤 저류는 어느 날 갑자기 뇌졸중이라는 형

조현진, 미나리Oenanthe javanica, 2018. ©조현진

태로 표면에 떠오른다. 이제 할머니는 말도 어눌하고 거동도 부실하다. 그러나 여전히 분투 중인 딸 내외에게 도움이 되고자 최선을 다한다. 그러나 선의가 반드시 좋은 결과를 낳지는 않는 법. 그것이 삶의 아이러니다. 가족에게 도움이 되고자 쓰레기를 모아 태우다가 그만 할머니는 그해의 결실이 모여 있는 창고에 불을 내고 만다. 뇌졸중으로 몸을 빨리 움직일 수 없어서 불타는 창고를 망연히 보고 있어야만 한다.

삶에 아이러니가 존재한다는 말은 우리가 우리 행동의 결과를 다 통제할 수 없다는 뜻이다. 어느 날 예상치 못한 일이 일어나고, 의도하지 않았던 일이 발생한다. 그래서 나는 예언자들을 기피하고, 쉽게 단정하는 이들을 의심하며, 만병통치약을 파는 이들을 경계하고, 쉽게 확신하는 이들을 불신한다.

아이러니로 가득한 이 삶을 통제할 수 없다면 우리는 어떻게 해야 하나. 영화 〈미나리〉는 "버티라"고 말한다. 미나리는 버티는 식물의 대명사다. 실로, 삶에 아이러니가 있다는 것이 꼭 나쁜 일만은 아니다. 아이러니가 있기에 희망도 있다. 생각하지 못했던 불행이 있는 만큼 예상치 못했던 선물도 있다. 아칸소주 시골로 이사 왔을 때, 그 환경 변화가 손자의 심장 상태를 개선할 줄은 아무도 예상하지 못했다. 나쁜 일만 있는 게 삶이라면 삶은 예측 가능하리라. 삶은 예측 가능하지 않기에, 좋은 일도 있다. 삶의 아이러니는 좌절할 이유도 되지만 버틸 이유도 된다.

Unknown, Vienna Dioscurides, MS: Cod. med. Graec.1, circa 512.

이 보통 사람들이 버텨내는 모습을 집약한 장면이 바로 영화 말미에 가족이 마루에 모여 자는 장면이다. 정이삭 감독은 "함께 마루에서 잠든 가족에 매료되었다"라고 말한 적이 있다. 가족이 거실에 모여 자고 있는 모습은 식물 세밀화를 연상시킨다. 대단한 스펙터클을 묘사하기를 거부하고, 조용히 존재하는 식물에 주목한 묘사의 전통. 서기 1세기 그리스의 식물학자 페다니우스 디오스코리데스(Pedanius Dioscorides, 기원후 1세기)의 《약물지(De Materia Medica)》로 소급되는 이 식물화 전통은 현재 진행형이다. 미나리 세밀화를 그린 바 있는 식물화가 조현진은 《식물문답》이라는 책을 펴내기도 했으며, 화가 엄유정은 바로 얼마 전까지 《FEUILLES(푀유)》라는 식물화 개인전을 열기도 했다.

영화 〈미나리〉는 카메라로 촬영한 식물 세밀화다. 미국 아칸소주 벌판의 어느 집에 영웅이 아닌 이민자들이 모여 자고 있다. 이들이 공적인 영웅이 아니라고 해서 각자 삶에서마저 영웅이 아니라는 말은 아니다. 〈미나리〉에는 실로 영웅적인 장면이 있다. 창고를 태웠다는 죄책감으로 인해 정처 없이 떠나는 할머니를 붙잡기 위해 심장이 부실한 손주가 질주를 시작한다.

4부

가장 좋은 것은
아직 오지 않았다

자신과는 다른 방식으로 같은 대상을 바라보는 흑인 여성을 의식함을
통해서 관람자는 자신의 본다는 행위를 질문하게 된다.
발로통의 그림에 윤리의 빛이 깃든다면 바로 이 지점에서다.
이 사회가 언젠가 '더러운 잠'에서 마침내 완전히 깨어날 수 있다면
서로를 더럽히는 복수의 축제를 통해서라기보다는 아마 이러한
윤리의 빛을 통해서일 것이다.

*4부의 제목 "가장 좋은 것은 아직 오지 않았다"는
로버트 브라우닝의 시 〈랍비 벤 에즈라〉에서 따온 구절입니다.

괴물이냐 활력이냐

다민족 사회

인간은 정치적 동물이다. 아리스토텔레스의 이 말은 인간이 협잡과 음모를 일삼는 존재라는 뜻이 아니다. 부정적인 의미에서 권력 지향적이라는 뜻도 아니다. 인간은 정치 공동체를 이루어 살아가게끔 되어 있는 존재라는 뜻이다. 아리스토텔레스에 따르면, 인간은 자기 본성을 실현하기 위해서라도 정치 공동체 안에서 살아야 하는 존재다.

괴물도 정치적 동물이다, 인간과는 다른 의미에서. 인간이 상상한 괴물의 역사와 계보는 다채롭고 뿌리 깊다. 그리스 신화에 나오는 키메라는 머리는 사자, 몸은 염소나 양, 꼬리는 뱀 혹은 용으로 이루어진 괴물이다. 몸은 하나인데 머리는 셋이다. 이러한 연유로, 생물학에서는 하나의 생물체 안에 다른 유전형질을 가진 여러 가지 세포가 함께 존재할 때 그것을 키메라 현상이라고 부른다.

《신약성경》〈요한계시록〉13장에도 괴물에 대한 언급이 나온다. "나는 짐승 하나가 바다에서 올라오는 것을 보았습니다. 그 짐승은 뿔이 열 개이고 머리는 일곱이었습니다. …… 이번에는 또 다른 짐승 하나가 땅에서 올라오는 것을 나는 보았습니다. 그 짐승은 어린 양처럼 두 뿔이 있었으며 용처럼 말을 했습니다."〈요한계시록〉의 이 대목을 묘사한 그림은 제법 많은데, 그중에서 알브레히트 뒤러(Albrecht Dürer)의 1511년 그림을 보자.

이 생명체가 괴물처럼 보이는 것은 그 생김새의 부조화 때문이다. 양의 뿔을 가지고 있으나 정작 얼굴과 몸은 양이 아니다. 몸이 하나라면 머리도 하나일 것 같은데, 정작 머리가 일곱 개나 달렸다. 머리가 일곱이라면 왕관도 일곱 개여야 할 것 같은데, 왕관을 두 개나 쓴 머리들도 있다. 왕관을 쓰고 있다는 점에서 이 괴물은 국가를 상징하는 것으로 해석되곤 했다.

국가는 종종 하나의 몸에 비유되어왔건만, 이 국가는 왜 이토록 괴물 같은 모습을 하고 있단 말인가. 단일민족국가 신화에 익숙한 사람들은 은연중 하나의 국가에는 하나의 민족이 있어야 하고, 하나의 민족에는 하나의 정부가 있어야 한다고 생각하기 쉽다. 그러던 와중에 하나의 몸에, 여러 개의 머리, 그보다 더 많은 왕관을 쓴 존재를 보면 당혹감에 사로잡히게 된다. 이 괴상해 보이는 국가는 다름 아닌 제국이다. 제국은 커다란 덩치와 다양한 민족 구성을 그 특징으로 한다.

학자들은 유별난 다민족 제국에 대해 괴물의 비유를 사용하곤 했다. 한반도, 중국, 소비에트연방 등 여러 경계에 걸쳐 있는 다민족을 통치한답시고 일본 관동국은 1931년에 만주국이라는 괴뢰 국가를 세웠다. 실질적으로 일본 제국이 통제하고 있었지만, 겉으로는 청나라 마지막 황제 푸이(溥儀)를 황제로 내세웠다. 일본의 역사학자 야마무로 신이치는 이 부자연스러운 나라를 탐구한 책에 "키메라-만주국의 초상"이라는 제목을 붙였다.

관동군에 의해 느닷없이 끌려와 만주국 황제의 지위에 올라야 했던 푸이는 원래 청나라의 황제였다. 역사학자 구범진은 복잡한 민족 구성을 가진 청나라를 다룬 저서에 "청나라, 키메라의 제국"이라는 제목을 달았다. 17세기에 중원의 패권을 장악한 청나라는 한족 중심의 명나라에 비해 국가 성격이 사뭇 달랐다. 일단 영토가 명나라의 두 배나 되었고, 확대된 영토에 걸맞게 티베트, 위구르 무슬림, 버마, 몽골, 타이 사람들을 신민으로 포괄했다. 그러니 하나의 몸에 여러 유전형질이 공존한다는 키메라에 청나라를 비유한 것도 무리가 아니다.

몸집을 불린 제국이 대외적으로 막강한 힘을 발휘하리라는 것은 충분히 상상할 수 있다. 그렇다고 해서 이 괴물 같은 존재를 다스리는 일이 쉬울 리가 있겠는가. 딴살림을 차리고 살던 이들을 한

Lampas Group, Chimera. Apulian red-figure dish, circa 350-340 BC.

지붕 아래 모이게 했을 때 생겨날 갈등을 어떻게 하란 말인가. 청나라는 민족들 간 조화를 꾀하고, 제국으로부터 이탈을 막아야 한다는 정치적 과제를 안게 되었다. 오늘날 중화인민공화국 소수민족 문제의 뿌리는 청나라의 제국적 성격에 그 원인(遠因)이 있다.

다민족 국가를 다스리는 일의 어려움은 피터 반 더 보트(Pieter van der Borcht)의 1578년 작품에 잘 드러나 있다. 온갖 짐승들의

Albrecht Dürer, The Beast with Two Horns Like a Lamb, from The Apocalypse, 1498.

머리가 달려 있는 거대 괴물을 정치 및 종교 지도자들이 당혹스럽게 바라보고 있다. 이 괴물은 다민족 제국의 여정을 시작하던 16세기 후반의 (오늘날) 네덜란드를 상징한다. 그러나 다민족 국가가 반드시 통치의 어려움만 가져다주는 것은 아니다. 잘만 소화하면 그것은 활력의 근원이 될 수 있다.

유럽 각국이 가톨릭이냐 프로테스탄트냐의 갈림길에서 탄압과 전쟁을 일삼고 있을 때, 네덜란드는 적극적으로 관용 정책을 택했다. 그에 따라 칼빈주의자뿐 아니라 가톨릭, 루터교, 유대교, 재세례파 신자 등 타국에서라면 이교도로 낙인찍혀 핍박을 받았을 인재들이 네덜란드에 몰려와 살게 되었다. 17세기 초 암스테르담 인구의 40퍼센트를 이민자가 차지할 정도였다. 다양해진 인구 구성을 장애물이 아니라 활력으로 승화시켰을 때, 네덜란드는 본격적인 번영을 구가하게 된다. 오늘날 많은 네덜란드 사람들은 자기 나라가 향유하고 표방해온 다양성과 자유에 대해 자부심을 갖고 있다.

Pieter van der Borcht, Allegorie op de moeilijkheid van het besturen, 1578.

사랑은 어디에

동 성 애

(이 글에는 영화 〈모리스〉의 스포일러가 있습니다.)

　E. M. 포스터의 소설 《모리스》는 동성애가 금지되고 신분제가 엄존하던 20세기 초 영국을 이렇게 묘사한다. "아버지의 옛 동업자를 통해 취직하면 그다음에는" "자신의 사회적 위신을 지켜주고 욕정을 덜어주고 아이를 낳아줄 여자가 필요하다." 부모가 쌓아 올린 튼튼한 네트워크를 통해 취직하고, 뒤이어 부인을 얻고 사회의 '기둥'이 된 끝에, 손주를 볼 때까지 살다가 무덤으로 향하는 안전한 중상류층의 삶.

　그런데 사람들은 어쩐 일인지 사회적으로 용인된 것, 너무 안전한 것에 큰 흥미를 느끼지 않는다. '엄마가 허락한 힙합' 따위에 열광하지 않는다. 오히려 사회적 제약이 욕망을 불타게 한다. 셰

익스피어의 〈리어왕〉에 나오는 사생아 에드먼드는 외친다. "사생아는 불타는 성욕을 만족시키다가 생겨난 존재이니, 지겹고 따분한 침대에서 의무 삼아 잉태된 정실 자식들보다는 낫지!" 모리스역시 관습대로 사는 데 염증을 느끼기 시작한다. 그때 친구 클라이브는 "왜 누구나 아이를 낳아야 하지"라고 중얼거리고, 모리스는 그와 동성애에 빠진다.

그러나 그것도 잠시뿐. 동성과 키스를 했다는 이유로 사회적으로 매장되는 귀족을 목격한 클라이브는 이성애자의 길로 전향한다. 자신의 정치적 장래를 위해 사회에서 허용한 안온한 위치로돌아간다. 남겨진 모리스는 자신의 성정체성을 부인하려고 노력하지만 결국 하인 스쿠더와 다시 동성애에 빠진다. 자신의 정체성을 확신한 모리스는 자신이 가진 모든 자산과 사회적 지위를 거는사랑의 모험에 나선다. "영혼을 잃고서 작고 갑갑한 상자들만을소유한 수백만 겁쟁이들"의 사회에 맞서기로 결심한다. "그것은오랜만에 맛보는 정직의 맛이었다." 환희에 찬 모리스를 보며, 클라이브는 사회적 지위는 유지했지만 뭔가 결정적으로 중요한 것을 잃어버렸다는 열패감에 휩싸인다.

모리스가 확신 속에 걸어간 길 위로 세월은 흐른다. 소설《모리스》의 시대 배경은 오스카 와일드가 동성애라는 죄목으로 감옥에 끌려가던 시절이었으나, 동성애를 처벌하지 말라는 울펜던 보고서(Wolfenden Report)가 1967년에 이르러 마침내 법제화된다.

Louis-Léopold Boilly, Two Young Women Kissing, circa 1790–1794.

그리고 1987년에는 소설 《모리스》가 대자본의 힘을 빌려 영화로까지 제작된다. 그 1987년만 해도 한국에서 동성애에 대한 금기는 지금보다 훨씬 더 강고했기에, 영화 〈모리스〉는 '어둠의 경로'로만 유통된다. 비디오테이프를 돌려가며 영화를 본 당시 대학생들은 젊은 휴 그랜트의 눈부신 미모에 탄성을 질렀건만, 정작 영화가 정식 개봉한 2019년 휴 그랜트의 미모는 간 곳이 없다. 이제 21세기의 대학생들은 〈모리스〉의 감독 제임스 아이보리가 각색한 또 하나의 동성애 영화 〈콜 미 바이 유어 네임〉에 나오는 티모시 샬라메를 보며 경탄한다. "나, 티모시 너무 사랑해. 티모시한테 모성애 느끼나 봐. 그런데 나 티모시랑 동갑인데 어쩌면 좋아." 어쩌면 좋긴 뭐가 어쩌면 좋아.

티모시를 사랑하는 여학생도 세월이 좀 더 흐르면 청첩장을 보내올지 모른다. 선생님, 저 결혼해요. 주례를 서주실 수 없나요? 혹시 티모시와 결혼하는 건 아닐까. 그러나 상대는 한국 남자. 사회자의 소개에 따르면 이 사회의 기둥이 될 인재. 결혼식이 시작된다. 신부 입장! 기다리느라 다소 무료해진 나는 단상에 서서 상상한다. 장인이 신부를 신랑에게 '건네주는' 순간 신랑과 장인이 서로에 대한 애정을 이기지 못하고, 그 길로 식장을 뛰쳐나가는 거다. 서로의 손을 꼭 부여잡고. 느닷없이 자기 결혼식 한복판에서 신랑과 아버지를 동시에 잃게 된 신부는 충격에 빠진다. 이때 나는 주례로서 나직하게 위로하는 거다. "괜찮아. 티모시가 있잖아."

내가 소풍 나온 강아지 새끼인 줄 아느냐

여성

조용히 나는 묻고 싶었다/ 인생이 똥이냐 말뚝 뿌리 아버지 인생
이 똥이냐 네가 그렇게 가르쳐 줬느냐 낯도 모르는 낯도 모르고
싶은 어느 개뼉다귀가 내 아버지인가 아니다 돌아가신 아버지도
살아계신 아버지도 하나님 아버지도 아니다 아니다/ 내 인생의
꽁무니를 붙잡고 뒤에서 신나게 흔들어대는 모든 아버지들아 내
가 이 세상에 소풍 나온 강아지 새끼인 줄 아느냐

— 최승자, 〈다시 태어나기 위해서〉 중

시 〈다시 태어나기 위해서〉에서 시인 최승자는 조용히 묻는
다. 인생이 똥이냐고. 내가 이 세상에 소풍 나온 강아지 새끼인 줄
아느냐고. 이 질문이 향하는 대상은 이 세상을 쥐락펴락하는 '아

버지'들이다. 아버지들이, 혹은 권력자들이 인생의 꽁무니를 잡고 뒤에서 좌지우지하기 때문에 제대로 살려야 살 수가 없다. 인생이 똥이 되어버린다. 불필요한 교태를 떨어야 한다. 인간이 강아지가 되어버린다. 인간으로 태어난 이상 끝내 강아지로 살다 갈 수는 없기에, 뒤에서 흔들어대는 이에게 묻는다. 내가 이 세상에 소풍 나온 강아지 새끼인 줄 아느냐.

최승자의 시 세계에서 인간은 종종 개에 비유되었다. 시 〈197×년의 우리들의 사랑―아무도 그 시간의 화상(火傷)을 지우진 못했다〉에서 최승자는 노래한다. "개처럼 우리는 제기동 빈 거리를 헤맸다." 개처럼 빈 거리를 헤매야 하는 인간들은 무기력하기 짝이 없는 반면 진짜 개들은 그 무기력한 대상을 향해 사납게 날뛴다. "때로 골목마다에서 진짜 개들이 기총소사하듯 짖어대곤 했다." 오랜 세월 많은 사람들이 강아지 새끼 취급을 받다가, 때가 되면 "정말로 개처럼 납작하게 엎드려 고요히 침을 흘리며 죽어갔다." 손에 잡힐 듯 말 듯한 삶의 의미와 일용할 양식을 찾아 헤매다가, 결국 늙고 지치면 납작하게 엎드려 죽어갔다.

30여 년 전, 예술가 이불(李睥)은 납작하게 엎드려 고요히 침을 흘리며 죽어가기를 거부하는 일련의 퍼포먼스를 시작했다. 화창한 봄날 곱게 그린 수채화를 화이트큐브에 걸어놓고 단정한 차림새로 다소곳이 손님을 받는 대신, 온갖 촉수가 덜렁덜렁 달린 기괴한 괴물 껍질을 뒤집어쓰고, 울긋불긋한 레슬러의 복장을 하고, 사람들이 웅성거리는 거리로 저벅저벅 나아갔다. 대학가로, 고궁 앞으로, 광장으로, 출퇴근길로, 서울과 도쿄 시가지 한복판으로. 괴물처럼 활보하고 괴물처럼 계단 위를 기어 다녔다. 이불은 괴물 차림으로 서울과 도쿄 일대를 누빈 퍼포먼스 〈수난유감-내가 이 세상에 소풍 나온 강아지 새끼인 줄 아느냐〉(1990)를 했다.

이것은 최승자의 시 정신을 잇되, 조용히 되묻는 데서 그치지 않고 저 무심하고 비열한 거리로 기꺼이 나아가겠다는 선언이다. 이것은 사람들의 조종과 관람을 기다리는 수동적인 인간 혹은 사물로 남지 않겠다는 선언이다. 내가 인간이 아니고 사물에 불과하다면 너희를 건드리고 마는 사물, 괴물이 되어주겠다. 너희의 삶에 내가 개입하겠다. 너희의 정신을 휘저어놓겠다. 너희의 당혹스러운 반응을 끌어내고 너희를 활성화하는 존재가 되겠다. 나는 예술가다.

예술가 이불의 퍼포먼스는 거리뿐 아니라 실내에서도 진행되었다. 1989년 동숭아트센터에서 열린 낙태 퍼포먼스. 나체가 되어 허공에 거꾸로 매달렸다. 자신의 나체를 등산용 밧줄로 묶은 뒤 공중에 매달려 고통에 찬 고함이 터져 나올 때까지 내려오지 않았다. 〈웃음〉(1994) 퍼포먼스에서는 세상의 한계를 터뜨리듯이 풍선을 불어 터뜨리고 옷을 훨훨 벗고 하하하 웃었다. 이불처럼 덮었던 의상을 벗어 던지고 이불이라는 사물이 되었다. 그 사물은 관음의 대상이 되기보다는 관음하는 대상을 향해 날아가는 돌이

이불, 수난유감 - 내가 이 세상에 소풍 나온 강아지 새끼인 줄 아느냐?, 1990. 작가 제공

되었다.

1997년 뉴욕 현대미술관에서 열린《프로젝트 57: 이불/치에 마쓰이》전시에서는 날생선을 작품으로 늘어놓았다. 그 날생선의 썩는 냄새로 인해 작품이 철거당할 때까지. 영화〈기생충〉이 말한 것처럼, 냄새는 사람들에게 개입한다. 냄새 나는 예술은 남들의 꽁무니를 붙잡고 뒤에서 신나게 흔들어대던 당신의 인생에 개입한다.

예술은 기성 인식체계에 맞춰 수동적으로 배열되는 존재가 아니다. 그것은 보는 사람에게 힘을 행사한다. 예술품을 보면(見物 견물), 마음이 일어난다(생심生心). 예술가는 '견물생심' 할 사물을 만드는 존재이고, 퍼포먼스를 행하는 행위예술가는 그 스스로 '견물생심' 시키는 사물이 된다. 인간은 평소에 충분히 깨어 있는 상태로 살지 않는다. 예술의 힘을 빌려 비로소 깨어난다. 예술을 인지할 때 비로소 활성화된다. 예술이라는 형식을 입고 사물은 자아에 영향을 미치고 침범한다. 바로 그 순간 인간은 물건 이상의 것, 즉 활성화되고 생각하고 느끼는 존재가 된다. 개처럼 납작하게 엎드려 있기를 그치고 진짜 존재하게 된다. 자, 이 흔들려진 자아를 어디로 데려갈 것인가.

2021년 서울시립미술관에서는 이불의 초기 작품과 퍼포먼스를 집대성한《이불-시작》전이 열렸다. 30년 세월이 지났어도 여전히 보는 사람의 정신을 감전시키는 이불의 초기 퍼포먼스가 두

루 전시되었다. 이불이 거리 퍼포먼스를 행한 지 많은 시간이 흘렀고, 그동안 한국 사회에서는 적지 않은 것들이 바뀌었다. 민주주의가 좀 더 성숙했고, 대통령이 탄핵되었으며, 여성가족부가 신설되었고, 각종 인권선언이 이루어졌으며, 1인 가구가 급속도로 늘어났고, 죽은 개의 육체, 즉 개고기의 식용을 법적으로 허용할 것인가를 두고 국회에서는 논란이 한창이다.

그렇게 많은 것이 바뀌었어도 개와 냄새의 이야기는 끝날 줄 모른다. 사람들이 배달앱으로 개고기를 주문해다가 먹게 된 이즈음, 영화 〈미나리〉에서 열연을 펼친 70대의 배우 윤여정이 아카데미 영화제에서 여우 조연상을 수상했다. 싱글맘으로서 아이를 키울 돈을 벌기 위해 영화 현장을 떠나지 않았던 이른바 생계형 배우. 기자가 수상식을 마치고 내려 온 윤여정에게 질문했다. "스테이지를 빠져나가면서 브래드 피트와 무슨 말을 나눴나요? 그의 향기(냄새?)는 어땠는지요?" 그러자 배우 윤여정이 대꾸했다. "향기는 안 맡았습니다. 내가 강아지도 아니고."

낳을 것인가, 말 것인가

인구

어떤 점에서 2021년은 한국 역사의 획기적인 전환점이다. 연간 기준 주민등록인구가 역사상 최초로 감소했기 때문이다. 정부가 발표한 인구통계에 따르면, 2020년 12월 31일 기준 우리나라 등록 인구는 5182만 9023명이다. 이는 일 년 전보다 2만 838명(0.04퍼센트) 감소한 숫자다. 대규모 재해나 전쟁 없이 인구가 이토록 급격하게 줄어드는 경우는 극히 드물다.

정부와 평론가들은 대개 인구 감소를 심각한 문제로 간주한다. "총체적 국가 실패의 산 교과서"라고 부를 정도다. 그도 그럴 것이, 생산 인구가 급격하게 줄면 세금이 줄고, 연금제도 운용이 어려우며, 경제가 성장하기 힘들다. 정부 지출을 감당하기 위하여 세금을 올리거나 빚을 져야 할 것이고, 경제성장으로 무마할 수 있었던 많은 문제가 터져 나오게 될 것이다. 사실 오래전부터 통치자들은 인구 감소의 정치 경제적 여파를 두려워했다. 고대 중국의 문헌《국어(國語)》는 말한다. "인구가 감소했다는 게 드러나면, 이웃 나라가 멀리하게 됩니다."

고대에 인구가 줄어든다는 것은 사람들이 재생산에 실패하거나, 다른 나라로 떠나버린다는 의미였다. 동원할 수 있는 인구의 감소는 곧 국력의 약화를 뜻했다. 그래서 통치자들은 인구를 늘리기 위해 부심했다.《국어》는 말한다. "아들을 낳으면 술 두 병과 개 한 마리를 주고, 딸을 낳으면 술 두 병과 돼지 한 마리를 주고, 세쌍둥이를 낳으면 유모를 주었다." 지금도 크게 다르지 않다. 특례시 기준 인구 100만 명 사수가 절박한 경남 창원시는 최근 혁신적인 결혼·출산 장려 대책이라며 세 자녀 출산 시 1억 원을 빌려주는 '결혼 드림론' 도입을 전격적으로 발표했다.

이 모든 것은 기본적으로 정부의 관점이다. '인구'라는 표현에는 통계에 의지해서 통치해야 하는 국가의 관점이 담겨 있다. 그러나 인구 감소는 개개인의 '의식적인 선택'들이 모여 만들어낸 집합적 현상이기도 하다. 인간은 자유의지를 갖고 선택하는 존재라지만 사실 인생에서 진정한 선택은 많지 않다. 자고 먹고 배설하는 생리 활동은 엄격한 의미에서 선택이 아니다. 사회가 주입한 욕망을 실현하는 것 역시 진정한 선택이라고 하기는 어렵다. 그에 비해 아이를 낳아 기르지 않겠다는 결심은 좀 더 '주체적 선택'일 가능성이 높다.

아이를 낳겠다는 선택은 대개 성욕을 매개로 한다. 그런데 성행위는 얼마나 인간의 주체적 선택일까. 성욕이란 채우기 전에는 사람을 갈급하게 만들었다가, 정작 채우고 나서는 허탈감에 빠지게 하는 요물이 아니던가. 지난 세기 일본의 한 소설은 성행위를 이렇게 묘사한다. "욕망을 채운 것은 그 사람이 아니라 그 사람의 육체를 빌린 전혀 별개의 존재 같다. 본래 성이란 개별 육체의 소관 사항이 아니라 종(種)의 소관 사항인지도 모르겠다. …… 이런 속임수에다가 야성의 사랑이니 뭐니 하는 미사여구를 뻔뻔하게 잘도 갖다 붙였다."

반면, 피임하는 사람은 숙고하는 사람이다. 충동적으로 성행위를 했다는 이야기는 들어보았어도 충동적으로 피임을 했다는 이야기는 들어보지 못했다. 성행위에 비해 피임은 종종 보다 주체적인 선택이다. 피임이 하나의 선택지가 되면서 재생산도 선택이 되었다. 물론, 여전히 태어나는 일은 자신의 선택이 아니다. 태어나 이 세상의 무대에 올라가는 것은 출생자의 의지와 무관하다. 마치 고깃집 불판 위에 올라가는 일이 삼겹살의 동의 여부와 무관한 것처럼. 인간은 '낳음을 당해서' 살아나간다. 그렇게 하루하루를 살아가는 존재에게 왜 사느냐고 묻는 것은 다소 실례다. 시시포스에게 왜 돌을 굴리느냐고 묻는 것이 실례이듯이. 그런 질문을 받으면 시시포스의 기분이 나빠서라기보다 돌을 굴리는 일은 운명이고, 운명을 반복하다 보면 별 생각이 없어지기 때문이다.

시시포스에게 2세를 낳아 기르겠냐고 묻는 건 사정이 다르다. 그건 선택의 문제이기 때문이다. 시시포스는 새삼 자문한다. 과연 이 땅의 삶은 아이에게 권할 만한 것인가. 바로 이 근본 질문을 정부 당국자는 애써 회피한다. 왜일까? 물론, 대답하기 난감해서다. 어린 시절의 "아빠가 좋아, 엄마가 좋아" 질문처럼 인생의 각 국면에는 대답하기 난감한 질문들이 있다. 어른이 되어도 대답하기 난감한 질문은 계속된다. "다시 태어나도 나와 함께 살 거야?" 난감하다. "꼭 다시 태어나야 할까?"

선생이 되어도 마찬가지다. 정부 당국자가 애써 회피한 근본 질문을 학생으로부터 받게 된다. "삶은 살 만한 건가요?" 망설이다가 대답한다. "간단히 대답하기 어려운 질문이네요. 일단 도스토옙스키의 《카라마조프의 형제들》을 읽어보세요." 《카라마조프의 형제들》은 두껍다. 보통 학생들은 이 단계에서 포기한다. 그러나 간혹 집요한 학생들이 있다. "읽었는데도 모르겠는데요. 인생은 살 만한 건가요?" "살다 보면 사는 게 숙제 같아지는 순간이 옵니다." "그 숙제의 목적이 뭐죠?" "선생이라고 해서 다 알겠습니까. 술 마실 핑계 찾지 말고, 그냥 의연하게 마셔요." 이제 술에 취한 학생이 짧은 이메일을 보내온다. "삶의 목적 무엇?" 짧게 답장을 쓴다. "삶에게 물어."

아이를 낳지 않는 일이란 이와 같은 집요한 질문을 자신에게 던진 끝에 내린 주체적 선택일 가능성이 높다. 한때 그런 선택이 원천 봉쇄되던 시절이 있었다. 과거에는 자식이 없으면 안정된 노후를 기대할 수 없고, 친족집단이 없으면 사회적으로 취약한 상태에 몰렸으며, 자신의 유한한 삶에 영생의 환상을 부여할 방법이 딱히 없었다. 그러한 시절에 자식이 없으리라(무후無後)는 것은 최대의 저주가 된다.

이제 국가가 과거 친족집단이 하던 역할을 대신 떠맡게 되었다. 전통보다는 개인의 동의 여부가 규범의 기초가 되었다. 자식의 성취가 아니라 자신의 성취가 인생의 성패를 결정짓게 되었다. 그 와중에 인구가 줄어도 세대 수는 꾸준히 늘어난다. 1인 가구가 증가했기 때문이다. 노후를 자식이 아니라 개인의 저축이나 사회보장제도가 책임지기에 가능한 일이다. 이제 최대의 저주는 자식이 없을 것이라는 예언이 아니라 도저히 감당 못 할 자식을 많이 두게 되리라는 예언이다.

이제 아이를 낳는 것은 바람직하지 않다는 반출생주의(anti-natalism)가 목소리를 높이기 시작한다. 현대의 반출생주의 이론가 데이비드 베너타의 저서 《태어나지 않는 것이 낫다》가 한국어로도 번역되었다. 데이비드 베너타는 태어나지 않았다면 입지 않아도 되었을 심각한 피해를 태어났기에 입는다고 생각한다. 단지 그렇게 생각하는 데 그치지 않고, 철학적으로 자신의 주장을 논증하려 든다.

Titian, Sisyphus, circa 1548-1549.

오늘날 한국 사회에서 출산을 거부하는 이들이 모두 반출생주의자는 아니겠지만 출산 거부는 점점 더 의식적이고 주체적인 선택이 되어간다. 삶의 근본적인 부조리함을 반복하지 않겠다는 선택일 수도 있고, "함께해서 더러웠고 다신 만나지 말자"는 선언일 수도 있고, 열악한 삶의 조건을 대물림하지 않겠다는 배려일 수도 있고, 자기 인생을 더 자유롭게 누려보겠다는 판단일 수도 있고, 불공정한 사회에서 육아를 하지 않겠다는 거부일 수도 있다. 그도 아니라면 인구학자 폴 몰런드가 말했듯이, 소수의 자식에 자원을 집중 투자하여 사회적 경쟁에 대처하려는 전략일 수도 있다. 각자의 구체적인 동기가 무엇이든, 인구 감소의 상당 부분은 나름의 자유와 행복을 추구하는 개인의 의식적 선택의 결과다.

더 엄혹한 시절에도 인구는 이처럼 빠르게 줄지 않았는데, 왜하필 이 시대에 이토록 빨리 인구가 감소하고 있는가? 이제 하나의 가설을 세워볼 수 있다. 인간이 주체적으로 선택하는 존재가되었기 때문에 인구가 줄고 있다. 국가의 관점에서 인구 감소는 문제일지 몰라도 재생산을 거부하는 개개인에게 인구 감소는 문제라기보다는 나름대로 문제에 대처한 결과다. 사람에 따라서 출산 거부는 삶의 난관에 대한 하나의 주체적인 해결책일 수 있다. 그러한 각성에 이른 인간은 1억을 빌려준다고 해서 낳지 않으려던 애를 갑자기 낳거나 그러지는 않는다.

21세기 서울 풍경

아파트

박원순 시장의 갑작스러운 죽음은 여러 가지 변화를 불러왔다. 서울시 행정의 최고 책임자가 변화했고, 집권당의 지지율이 변화했고, 유권자들의 마음도 변화했다. 한강변의 아파트 외벽에 걸린 한 플래카드 구호도 변화했다. "50년 된 아파트 깔려 죽기 직전이다! 박원순 시장 같이 죽자!!"에서 "50년 된 아파트 깔려 죽기 직전이다! 서울시가 책임져라!!"로.

상당히 오랫동안 저 플래카드가 걸려 있었으므로 "깔려 죽기 직전"이라고 했지만 사실 "직전"은 아니었음을 알 수 있다. 같이 죽자고 했건만, 정작 박원순 시장을 따라 죽지 않은 것을 보면 저 플래카드는 사실의 기술이라기보다는 어떤 정서적 표현인 것 같다. 그 정서의 위계도 분명하다. "깔려 죽기 직전이다"에는 느낌표가 하나 붙고, "같이 죽자"에는 느낌표가 두 개 붙었다.

그렇다고 해서 저 플래카드를 내건 사람의 정서를 말 그대로 표현한 것은 아니다.

느낌표가 달릴 정도의 격정은 대개 즉각적으로 표현되기 마련인데, 사람들은 시간을 두고 저 플래카드에 들어갈 표현을 고른 뒤, 제작업체에 의뢰해서 결과물을 받고, 강변을 지나가는 이들에게 잘 보일 수 있는 위치를 선정하여 내걸었을 것이다. 저 플래카드는 정서의 즉각적인 표출이 아니라 공들인 기획의 산물이다.

무엇보다 저 플래카드는 보는 이에게 어떤 인상을 남기고자 하는 기획의 산물이다. 만약 박원순 시장이 자기에게 죽음을 권하는 섬뜩한 글귀가 대로변에 걸린 것을 보았다면 자신의 정책을 재고해볼까 생각했을 수도 있고, 오히려 기존 정책 의지를 새삼 다졌을 수도 있다. 일반 시민들이 저 플래카드를 보았다면 박원순 시장에게 부정적 인식을 가졌을 수도 있고, 서울 시정이 시민의 갈등과 민원을 충분히 소화해내지 못하고 있다는 인상을 품었을 수도 있다. 그러한 인상을 우려한 나머지 서울시는 기존 정책을 재고했을지도 모른다.

그러나 이 모든 것은 추측일 뿐, 박원순 시장은 죽었다. 그리고 불과 며칠도 되지 않아 저 플래카드 글귀는 바뀌었다. 새 플래카드 역시 갑작스러운 정서의 표출은 아니다. 관계자들의 의논이 있었을 것이고 대안적인 표현에 합의를 본 뒤, 플래카드 제작업체에 의

©김영민

뢰해서 글귀를 수정했을 것이다. 그리고 강변을 지나가는 이들에게 잘 보일 수 있는 위치를 선정해서 다시 걸었다. 이제 '박원순'이라는 특정 개인은 '서울시'라는 덜 인격적인 존재로 바뀌었다. 죽으려고 해야 죽을 수 없는 서울시는 이제 함께 죽는 대신 책임을 져야 한다고 플래카드는 촉구하고 있다. 느낌표 두 개는 변함없다.

이전 플래카드 사진과 바뀐 플래카드 사진을 나란히 소셜미디어에 올렸더니, 그에 대한 사람들의 반응은 생각보다 다양했다. "정말 같이 죽기는 싫었나 보네요." "이런 배너 사진 찍어두고 싶었어요. 정부의 부동산 정책을 강력히 비판하는 21세기 한국 사회의 선량한 시민들의 한 모습을 담기 위해." "개인 재산이라서 서울시가 뭘 할 수도 없는데. 왜 남의 탓으로 돌릴까?" "아아." "저런 글귀를 볼 때 박원순 시장은 무슨 생각이 들었을까요?" "그래도 죽은 사람에게 최소한의 예의로 바꾼 거죠." "인간적이네요." "헐." "죽자는 말, 함부로 할 게 아닌 것 같네요." "신속한 태세 전환." "평범한 서울의 인민들이 박원순 시장의 죽음에 아픈 마음을 표현하는 방식." 그리고 누군가 덧붙였다. "인간이란 무엇인가."

수십 년 전, 소설가 김승옥은 《서울, 1964년 겨울》에서 다음과 같은 대사로 서울 시민의 마음을 묘사한 적이 있다. "날 수 있는 것으로서 손안에 잡아본 것이 있으세요?" "없어요. 나도 파리밖에는……." "서울은 모든 욕망의 집결지입니다. 아시겠습니까?" 2020년 여름에 서울의 강변을 지나면서 중얼거린다. "없어요. 아파트밖에는. 서울은 모든 욕망의 집결지입니다."

언젠가 더러운 잠에서 깨어날 수 있다면

윤 리

2017년에는 박근혜 전 대통령의 국정을 풍자한 그림, 〈더러운 잠〉이 논란을 일으켰다. 이 그림은 조르조네의 〈잠자는 비너스(Sleeping Venus)〉(1508~1510)에 나오는 비너스의 누드에 박근혜의 얼굴을 합성하고, 마네의 〈올랭피아(Olympia)〉(1863)에 나오는 하녀의 몸에 최순실의 얼굴을 합성하여, 파탄 나버린 국정을 '더러운 잠'이라고 조롱했다. 지난 수년간 한국의 주된 사회적 의제는 어떻게 이 더러운 잠으로부터 깨어날 것인가였다.

여성의 누드가 작품에 등장하는 것은 회화사에서 드문 일이 아니다. 비평가 존 버거가 말했듯이, 누드화에서 여성의 신체는 종종 관음적 시선에 봉사하게끔 그려져왔다. 그러나 이 사회에 횡행한다는 몰카 영상물처럼, 〈더러운 잠〉은 대중 앞에 대상을 벌거

벗겨 더럽히고 말겠다는 의도가 너무 노골적이었던 것은 아닐까. 기분이 더러워진 반대파는 〈더러운 잠〉을 예술로 받아들이기를 거부하고, 해당 전시회를 주선한 국회의원의 가족을 역시 누드로 표현한 포스터를 뿌려대며 복수에 나서고 만다.

정치와 회화의 역사가 이처럼 더러운 잠과 복수로만 전개되어 온 것은 아니다. 〈더러운 잠〉이 차용한 마네의 〈올랭피아〉는 여성 누드가 단순한 관음의 대상이 되기를 거부했다는 점에서 회화사의 새로운 지평을 연 작품이었다. 〈올랭피아〉 속에서 벌거벗은 '백인' 여성은 관람자의 관음적 시선에 수동적으로 봉사하기를 그치고, 감았던 눈을 뜨고 상대의 관음적 시선을 무력화하는 자세를 취한다. 그리고 그 옆에서 이주 노동자로 보이는 '흑인' 하녀는 누군가 환심을 사기 위해 보내온 꽃다발을 주인에게 전하고 있다.

한편, 펠릭스 발로통의 〈흰 여자와 검은 여자(The White and the Black)〉(1913)는 〈더러운 잠〉과는 완전히 다른 방식으로 이 〈올랭피아〉를 개작한다. 발로통은 백인 여성의 눈을 다시 감기고, 지금까지 보조 역할에 그치던 흑인 하녀를 전면에 내세운다. 마침내 주인공의 자리를 점한 흑인 여성은 담배를 꼬나물고 그 나름의 프렌치 시크(French Chic)를 구현한다. "파리 사람들이 2000년 동안 해온 건 연애와 혁명뿐이었지"라고 읊조리거나 "정치적 무관심보다 유행에 뒤지는 것은 없지"라고 너스레를 떨어도 이상할 것이 없는 자태를 취한다.

Giorgione, Sleeping Venus, circa 1508-1510.

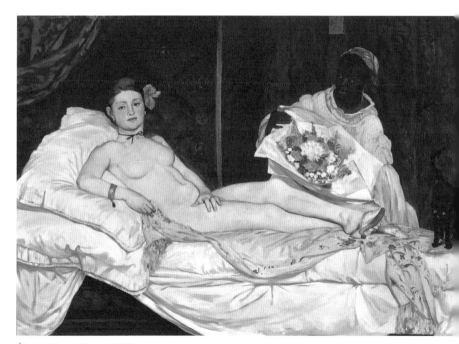

Édouard Manet, Olympia, 1863.

담배를 꼬나문 이 흑인 여성의 자태는 더 이상 하녀의 자세가 아니지만, 그렇다고 해서 백인 여성을 능욕하고자 하는 관음의 자세 역시 아니다. 그는 쉽게 해독하기 어려운 무연한 표정으로, 결코 탐욕스럽지 않은 자세로, 백인 여성의 나신을 바라본다. 즉 발로통의 그림은 단순히 하인에게 주인을 모욕하거나 관음할 수 있는 쾌락을 허락해줌으로써 윤리적이 되려는 작품이 아니다. 이 작품의 윤리는 다른 곳에 있다.

이 흑인 여성이 백인 여성의 누드를 보고 있기에, 발로통의 그림을 보는 관객은 벗은 여성을 보는 동시에 벗은 여성을 보는 이를 보아야 한다. 이는 벗은 여성과 관람자의 일대일 대면을 방해한다. 온전한 관음을 방해한다. 자신과는 다른 방식으로 같은 대상을 바라보는 흑인 여성을 의식함을 통해서 관람자는 자신의 본다는 행위를 질문하게 된다. 발로통의 그림에 윤리의 빛이 깃든다면 바로 이 지점에서다. 이 사회가 언젠가 '더러운 잠'에서 마침내 완전히 깨어날 수 있다면 서로를 더럽히는 복수의 축제를 통해서라기보다는 아마 이러한 윤리의 빛을 통해서일 것이다.

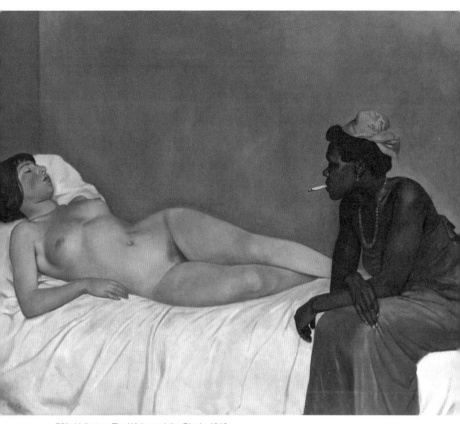

Félix Vallotton, The White and the Black, 1913.

형님과 아우의 세계를 넘어서

유사 가족의 사회

    영화사에 길이 남을 스페이스 오페라, 아니 우주 막장 드라마 〈스타워즈 5: 제국의 역습〉의 클라이맥스. 주인공 루크 스카이워커는 은하계의 운명을 두고 악당 다스 베이더와 광선검 결투를 벌인다. 검은 로봇 대가리를 뒤집어쓴 다스 베이더가 루크에게 말한다. "우리가 힘을 합치면 이 분쟁을 끝내고 은하계에 질서를 가져올 수 있다." 그 정도 회유에 넘어갈 루크가 아니다. "싫어. 난 너하고 한패 안 먹어." 바로 이때 다스 베이더는 〈스타워즈〉 연작에서 가장 충격적인 대사를 던진다. "내가 니 애비다(I am your father)." 희대의 악당이 바로 내 아버지였다니! 출생의 비밀을 알게 된 루크는 부르짖는다. "꽤액!(Noooooo!)"

    출생의 비밀을 두고 벌어지는 막장 드라마라면 한국이 질 수 없다. 영화가 아닌 현실에서 벌어지는 K-스페이스 오페라의 가장 충격적인 대사는 무엇일까? 그것은 바로 "내가 니 애비다(I am your father)"가 아니라 "니가 내 애비다(You are my father)"다. 배경은 은하계가 아니라 한국의 한 레스토랑. K는 모처럼 근사한 식사를 해볼 마음으로 지인들과 함께 정갈한 레스토랑을 찾았다. 앉자마자 K는 종업원에게 말을 건넨다. "여기 물 한잔 가져다 주실 수 있나요?" 종업원이 친절하게 대답한다. "네, 아버님(You are my father), 곧 갖다 드리겠습니다." "꽤액!"

아버님이라니! 아들이라고 할 만한 유기체가 없어서 인생의 큰 번뇌를 벗었다고 생각하는 K에게 아버님 운운하다니, 세상에! 저 젊은이는 혹시 어디선가 잉태되어 조용히 자라다가 문득 나타난 K의 옛 정자(精子)인 걸까. 아버님, 저는 인간이 되기 전에 한때 당신의 정자였습니다. 물을 가져다드릴 테니 제게 유산을 주십시오, 이러자는 심산인 걸까. 음, 유산이라니, K가 시대를 잘 만나별 힘들이지 않고 아파트를 장만한 것을 알기라도 하는 걸까. K는 고개를 들어 자신을 아버님이라고 부른 종업원을 지긋이 바라보았다. 접객을 담당하기에 걸맞은 깔끔하고 단정한 외모와 적극적인 태도. 매사에 소극적인 K와 유전자를 공유할 가능성은 아무래도 희박해 보였다.

"밥맛 떨어지니까 아버님이라고 부르지 말아주세요." 차마 이렇게 말하지는 못했다. 저 청년이 K를 아버님이라고 부른 것은 손님에게 그저 친근감을 표시하기 위해서였을 수 있다. 혹은, 단순히 한국 사회의 관습을 따랐을 뿐일 수 있다. 그것도 아니라면 직무 교육을 그렇게 받았을 수 있다. 이 업장에서는 중년의 남자 손님에게는 "아버님"이라고 하고, 중년의 여자 손님에게는 "어머님"이라고 부를 것 등등.

K를 아버님이라고 불렀으니, K 역시 그 종업원을 '자식' 취급하면 어떨까. "자식 같아서 하는 말인데, 벌어놓은 돈은 좀 있나?" 실실 말을 놓는 K를 보고 청년의 표정은 일그러질 것이다. "아, 자식 같아서 물어본 거야. 신체의 발육은 잘 진행되고 있나. 살 집이라도 한 채 마련해놓았나? 아직 안 했으면 언제 하려고?" 마침내 종업원의 얼굴은 굳어진다. 이제 그는 K가 달라고 한 물을 10초 안에 가져와서 K의 얼굴에 끼얹었을 것이다. 1초, 2초, 3초, 4초……좌악!

실로, 한국 사회에서는 아무런 피를 섞지 않았어도 상대를 어머님, 아버님, 형님, 누님, 언니라고 불러대지 않나. 이를테면, 식당에 가서 거리낌 없이 주인장을 "고모", "이모"라고 부르지 않나. 실제 식당이나 술집 중에 고모집, 이모집과 같은 간판을 단 곳도 적지 않다. 지금의 기성세대 상당수는 그러한 술집에서 만나 거나하게 술판을 벌인 기억이 있다. 그리고 학창 시절에 아무런 교유를 한 적이 없었음에도 같은 학교를 나왔다는 이유 하나만으로 호형호제하고 초면에 말을 놓은 기억이 있다.

많은 이들이 "인간적이다"라고 칭찬하는 이런 분위기의 클라이맥스는 역시 '외상'이다. 기성세대의 적지 않은 사람들이 이러한 술집에서 돈도 없이 거나해지도록 술을 퍼마신 뒤, 술값 대신 학생증이나 신분증을 맡겼던 것이다. 보기에 따라 이러한 외상은 미담이 되기도 한다. 학창 시절 그렇게 외상을 하며 술을 퍼마시다가 어느덧 사회의 중견이 된 졸업생들이 뒤늦게 자신들의 30년 전 외상값을 갚기를 자청한 경우가 있다. 그리고 그 외상값을 받은 '고모(주인장)'는 전액을 장학금으로 써달라고 학교에 기부했다는 미담이 신문 기사화된 적이 있다.

이렇게 근친을 넘어선 대상에까지 친족 명칭을 사용해가며, 공적 관계를 유사 가족 관계로 만드는 데는 당신과 나는 계약을 통해 맺어지는 '기계적' 관계가 아니라 '유기적인' 공동체의 일원이고 싶다는 열망이 깔려 있다. 정치학자 유홍림의 분석에 따르면, 그러한 공동체의 매력은 "이해타산적인 메마른 합리성이 아닌 정서적 유대와 귀속감, 상호의존과 통합, 개인의 삶에 의미를 부여하는 공동체적 의무감"에 있다. 다시 말하면 (유사) 가족적 호칭은 당신과는 서로 치댈 수 있을 만큼 끈끈한 관계라는 선언 혹은 제언이다.

날파리를 잡을 때 끈끈이가 소중하듯이, 끈끈한 것이 꼭 나쁜 것은 아니다. 실제로 공동체적 유대감이 강한 가족이 있을 것이고, 혈연관계 이상으로 친밀한 유대를 쌓은 친구들도 있을 것이다. 부

ETATIS·SVI

Unknown(Antwerp), A Portrait of Pierre de Moucheron his Wife Isabeau de Gerbier,
their eighteen Children, their Son-in-Law Allard de la Dale and their first Grandchild, 1563.

실한 사회적 안전망 속에서 각자도생에 열중하는 사람들은 그 결핍을 메우기 위해 역설적으로 끈끈이를 더 열망하고 사랑할 수도 있다. 끈끈이를 사랑한 나머지 공식 회의 석상에서도 상대를 공식호칭으로 부르기보다는 "아무개 형"이라 부르기도 한다. 과거 한 서울시장은 기자간담회장에서 한 지자체장을 일러 "내 아우다"라고 한 적이 있고, 그 서울시장의 사망 소식을 접한 한 지자체장은 "이제는 다시 볼 수 없는 곳으로 홀연히 가버린 형님이 밉다"고 애도한 바 있다.

　이러한 끈적한 유기체적 공동체관은 국가가 사회적 복지를 감당할 수 없었던 시절로 소급될 수 있다. 사회보장제도를 본격적으로 감당할 정도로 국가 기구가 발전하지 못했을 당시에는 인간의 생로병사에 필요한 서비스 상당 부분이 민간으로 이관될 수밖에 없었다. 관련 서비스를 제공하는 단체나 기업이 부재하거나 부족했던 상황에서는 특히 가족이 그 서비스를 떠맡아야 했다. 그 과정에서 오늘날 상상할 수 있는 가족보다 훨씬 더 광범위한 조직을 구축한 결과가 이른바 가문이다. 조선시대에 국가 이외의 가장 강력한 조직이 있었다면, 그것은 바로 가문이라 불리는 (유사) 가족 조직이다. 상대적으로 약한 국가와 시민사회의 배경 속에서 가문이 공동체 정신 혹은 상호부조라는 명분하에 역병 구제, 기근 구제, 치안, 대부 등 여러 공적 기능을 떠맡아야 했다.

　현대 한국의 국가와 시민단체는 과거에 비해 풍부해진 자원을 활용하여 한때 가문이 제공하던 복지 기능을 자임하게 되었다. 그 확대된 공적 관계의 저변에서 유사 가족의 언어는 각자도생 중인 인간들을 여전히 끈끈하게 묶고 싶어 한다. 그 과정에서 공사(公私) 구분은 희미해지고, 계약서는 제대로 작성되지 않고, 직무는 정확히 정의되지 않는다. 정치학자 유홍림에 따르면, "혼란을 공동체 의식에 호소함으로써 극복하려는 시도는 사태를 더욱 악화시킬 뿐이다". 특히 약자는 계약서의 조항보다는 강자의 가변적인 선의에 의존하게 된다.

실로, 잔존하는 공동체 의식의 저변에는 미담만 존재하는 것이 아니다. 앞서 장학금을 기부한 '고모'는 외상을 준 '고모'와 같은 사람이 아니다. 약 30년 전 그 외상의 부담을 안았던 당시의 '고모'는 "가게가 어려워진 데다 건강까지 나빠져" 혈연관계가 아닌 현재의 '고모'에게 가게를 넘겼고 연락이 끊겼다. 가게를 넘길 때, "학생들이 술값 대신 맡기고 간 뒤 찾아가지 않은 학생증 수백 장"이 고스란히 남았다. 미담의 경제적 기초를 제공했던 원조 '고모'는 병마와 가난에 싸우다가 돌아가셨을지도 모를 일이다. 쾌액!

판데믹 시대의 국가

전염병과 국가

유랑하는 도적이 불규칙적으로 찾아와서 돈을 뜯는 게 좋을까, 아니면 아예 정주하는 도적이 착취하는 게 좋을까? 미국의 경제학자 맨슈어 올슨에 따르면, 후자가 주민 입장에서 낫다. 정주하면서 해당 지역을 독점하는 도적은 유랑 도적과는 달리 주민들을 시도 때도 없이 가혹하게 착취하지 않는다. 대신 안전을 보장해주고 자릿세를 뜯을 뿐이다. 그들이 착해서 그러는 것이 아니다. 그래야 더 오랫동안 자릿세를 뜯어갈 수 있으니까 그럴 뿐이다. 주민들이 황금알을 낳는 거위라면 오래 살려두어 황금알을 얻는 것이 낫지 않은가. 그래서 올슨은 정주형 도적이 "사슴을 잡아먹는 여우가 아니라 가축을 보호하고 물을 제공하는 목장 주인"에 더 가깝다고 말한다.

올슨이 보기에, 이런 정주형 도적은 국가와 유사하다. 국가가 제공하는 치안은 깡패 집단이 제공하는 안전에 해당하고, 국가가 걷는 세금은 도적이 걷는 자릿세에 해당한다. 국민 입장에서는 외적의 침략을 받는 것보다는 세금을 내고 안전을 맡기는 게 이익이다. 물론 국가는 자기를 도적이라고 부르는 대신 미사여구로 치장한다. 그렇다고 정주형 도적보다 국가가 더 좋은 '의도'를 가진 것은 아니다. 그들은 모두 그저 합리적인 이윤 추구자일 뿐이다. 그런데도 사회 전체로 보면 그들의 이윤 추구가 더 공공의 이득을 가져온다. 물론 현실의 정주형 도적이나 국가가 합리적으로 행동할 것이라는 보장이 있는 것은 아니지만.

역사가 윌리엄 맥닐에 따르면, 전염병 감염 역시 비슷한 논리를 가지고 있다. 균이나 바이러스 같은 유랑 기생체는 대상을 착취하기 위해 숙주를 찾아다닌다. 유랑하는 악성 기생체에게 초토화되지 않으려고 우리는 몸안에 균이나 바이러스를 일부러 넣어 항체를 만든다. 조선 말의 학자 지석영(池錫永)이 천연두를 예방하기 위해 처남에게 소의 고름을 주사하려 들자 장인 장모가 펄쩍 뛰었다. 왜 그 나쁜 걸 집어넣어, 우리 아들한테! 어차피 기생체들이지만, 항체를 만들기 위해 몸에 정주한 균이나 바이러스는 숙주가 죽을 지경까지 착취하지는 않는다. 균이나 바이러스 입장에서도 숙주인 동물들을 죽여버리면 자기 손해다. 착취 대상이 사라져버리는 거니까.

인생은 어차피 전쟁일지 모르지만, 전염병이 돌면 인생은 이중 삼중으로 전쟁이 된다. 전쟁이 격화될수록 국가의 힘도 커진다. 외적의 침탈을 막아야 할 뿐 아니라 악성 병원체하고도 싸워가며 국민의 안전을 지켜야 하기 때문이다. 국가는 빨리 백신을 만들어서 국민의 몸에 주사하려 들고, 국민은 국민대로 자신을 통제할 수 있는 관제탑을 마음속에 세운다. 국가는 '사회적 거리 두기'를 실천하라고 요구하고, 국민은 국민대로 정신력을 박박 긁어내어 평소보다 더 질서를 지킨다.

어디 그뿐이랴. 국가는 평소보다 쉽게 CCTV와 휴대전화 기록을 통해 국민의 사생활 정보를 수중에 넣는다. 긴급재난 문자를 보내어 확진자의 동선을 만천하에 공개한다. 고(故) 문중원 시민 분향소 옆 천막, 탈북단체 천막 등 각종 농성자의 천막을 강제 철거한다. 한국 시민 활동의 주 무대였던 광장은 전에 없이 고요해진다. 종교 활동을 자제하고 국가의 명령에 협조하라고 공개적으로 요구한다. 신흥 종교 연루자들의 연말정산 기록을 다시 살펴본다. 이른바 재림예수가 나와서 사죄 기자회견을 한다.

이 모든 것이 기후변화와 더불어 갑작스레 생긴 일만은 아니다. 전염병은 늘 한국인을 괴롭혔고, 전염병에 대처하고자 한국의 전근대 국가도 방역을 위해 동분서주했다. 전염병이 돌면 예방과 치료를 위한 수칙을 반포하기도 했다. 전염병을 막기 위해 세종대왕이 내린 명령 중에는 세수하고 참기름을 코안에 바르라는 내

Antonio Zanchi, The Virgin Appears to the Plague Victims, 1666.

용과 종이 심지를 말아서 콧구멍에 넣고 일부러 재채기를 하라는 내용도 있다. 사회적 격리에도 애를 썼다. 이른바 구질막(救疾幕) 혹은 병막(病幕)이라는 것이 그것인데, 1732년에 서울에 역병이 돌자 서울 지역에 1000여 곳이 넘는 격리소가 세워졌다는 기록이 있다.

전염병을 막기 위해 각종 의학지식도 총동원되었다. 조선시대의 저명한 의학자 허준(許浚)이 전염병의 원인과 치료법 등을 정리하여 1613년에 간행한 《신찬벽온방(新纂僻瘟方)》에 따르면, 호랑이 머리뼈를 베개 근처에 두고 자면 전염병을 물리치기 좋다. 그러나 오늘날 어디 가서 호랑이 대가리를 구한단 말인가. 조선 후기 최대의 학자 정약용(丁若鏞)이 지은 《마과회통(麻科會通)》은 천연두 예방을 위해 종두를 시행해야 한다고 역설한다. 정약용이 비판적으로 검토한 종래의 처방에 따르면, 다음과 같은 부류의 아이들은 종두를 시행해봤자 성공할 수 없다. "마른 아이", "비위가 약한 아이", "맥박이 화평하지 못한 아이". 그리고 "정신이 권태로운 아이" 역시 전염병에 취약하다. 정신이 권태로운 이는 조심할지어다. 정약용이 1798년에 편찬한 《의령(醫零)》의 내용은 이렇다. "천연두가 잘 낫지 않는 것은 그 독이 피륙을 뚫을 수 없기 때문이니, 땅을 잘 뚫는 두더지를 다려서 즙을 먹으면 좋다." 요즘도 시장에 가면 두더지를 파는지 궁금하다. 1884년 한국에 입국한 미국인 의사였던 호러스 알렌(Horace N. Allen)은 조선인들이 병에 걸리면 강장제로 개머리를 끓인 국을 먹는 데 질색했는데, 이 습속은 지금 어찌 되었을까.

이런 의학적 방책들이 효험이 있었을까? 숙종의 어의(御醫)였으니 당대 최고의 의사였다고 해도 과언이 아닌 이시필(李時弼)이 당대 최고 수준의 지식을 편집해서 선보였다는 《소문사설(謏聞事說)》에는 다음과 같은 내용이 있다. "개의 간을 흙과 섞어 반죽으로 만들어 부뚜막에 바르면, 아내와 첩이 효도하고 순종하게 된다." 지인 한 명이 이 방법은 효험이 없다고 말한 적이 있는데, 설마 진짜 해봤다는 말은 아니겠지. 그렇다면 위에 거론한 방법들도 효험이 없을 가능성이 높다. 아닌 게 아니라, 소위 조선의 르네상스였다는 정조 때, 1786년 4월부터 6월까지 전염병이 돌았는데, 그때 죽어 거리에 나온 해골 숫자가 약 37만 명이라고 한다. 학자마다 견해 차이는 있어도 1858년도의 콜레라 유행에는 대략 1000만 인구 중 50만 명이 목숨을 잃었다는 추산이 있다. 물론 항생제가 발명되기 전 서양의 사정도 이와 크게 다르지 않다.

전염병이 격화될수록 국가의 활동이 활발해지고, 국가의 활동력이 증대하면 사람들은 국가에 순종한다. 전쟁을 치른달지, 전염병을 막는달지 하는 대의명분이 있으면 사람들이 국가의 명령에 순순히 따르는 법이다. 루이 14세에게 인구 총조사를 제안하면서 마르키 드 보방(Marquis de Vauban)이 말한 것처럼, 나라의 과거와 현재 상태에 대한 정보를 장악할 수 있으면 국가 입장에서는 더할

나위가 없으리라. 그러나 사람들이 꾸준히 순종만 하는 것은 아니다. 사람들은 그 와중에 국가의 활동을 전유하기 시작한다. 혹자는 마스크를 횡령하고, 혹자는 마스크를 매점매석하여 일확천금을 노린다. 때가 때이니만큼 사회적 거리 두기를 실천해야 한다고 역설하다 말고, 사람들은 갑자기 한마디 덧붙인다. "그래도 소규모로 모여 독한 술 마시는 건 가능하지 않을까요." 야음을 틈타 모여 술을 마시려다가 결국 반성하고 집으로 돌아간다. 이제 혼자서라도 술을 마시기 시작한다.

현대의 한국에서만 그러했던 것은 아니다. 고려시대 이름난 술꾼이자 문인이었던 이규보(李奎報)는 방역을 술 마실 기회로 이용했다. 당시에는 전염병 막는 약을 술과 함께 먹도록 처방되었는데, 이규보는 노래한다. "술잔 기울일 일 아니었으면 아마 약도 먹지 않았으리." "벽온단(辟瘟丹) 먹는다고 온역(溫疫)을 피한다는 것도 헛소리지만, 술 마시려고 사양하지 않았네." 약을 먹기 위해 술을 마시는 것이 아니라 술을 마시기 위해 약을 먹는다.

못난이의 정치

—

중앙과 지방

난 뜬구름을 좋았던 것 같다. 이제 집 짓고 나무 심고 소요하며 자
득하고자 한다. 연못은 낚시할 만하고, 납세용 양식은 농사를 대
신할 만하다. 밭에 물을 대고 채소를 길러 팔면 아침저녁 찬거리
를 댈 수 있고, 양을 길러 젖을 팔면 여름과 겨울의 제사 비용을
감당할 수 있다. 부모에게 효도하고 형제에게 우애하면 그것이 곧
못난이의 정치다.

— 반악, 〈한거부〉 중

　중국 쑤저우는 아름다운 정원으로 유명하다. 그중에서도 정계
에서 쫓겨난 왕헌신(王獻臣)이 절터를 구입해서 만든 졸정원(拙政
園)이 가장 유명하다. 왕헌신은 왜 자신의 개인 정원에다가 하필

'못난이의 정치(拙政)'라는 이름을 붙였을까?

'못난이의 정치'는 서진(西晉)의 문장가 반악(潘岳)이 쓴 〈한거부(閑居賦)〉에 나오는 표현이다. 《세설신어(世說新語)》에 따르면, 반악은 너무도 잘생긴 나머지, 길을 나서면 여자들이 늘 그의 수레를 에워쌌으며, 그의 관심을 얻기 위해 수레에 과일을 던졌다고 한다. 이로 말미암아, '척과영거(擲果盈車: 수레가 가득하도록 과일을 던지다)'라는 사자성어가 생겨났다.

나 같으면 그 과일을 밑천 삼아 여생을 편하게 살았을 것 같은데, 반악은 그러기에는 정치적 야심이 너무 컸던 것 같다. 중앙 정계 진출과 은거를 반복하는 동안 각종 영욕이 끊이지 않다가 결국 정쟁에 휩쓸려 멸족을 당하고 만다. 앞에서 인용한 〈한거부〉는 그가 어머니의 병환을 명분으로 은거할 때 지은 글이다.

반악이 느꼈을 현실 정치에 대한 염증은 "뜬구름"이라는 표현에 잘 드러나 있다. "뜬구름"이란 표현은 원래 《논어(論語)》 〈술이(述而)〉에 등장한다. 공자는 말한다. "거친 밥을 먹고 물 마시고 팔을 굽혀 베개로 삼아도 즐거움이 그 안에 있다. 의롭지 않으면서 주어지는 부귀는 나에게는 뜬구름과 같다." 즉 반악은 정치판을 떠나 은거하는 자신의 처지를 《논어》의 표현을 빌려 정당화하고 있는 것이다. 정계를 떠나도 나는 즐거울 수 있다고.

흥미롭게도 반악은 가족과 함께하는 그 자족적인 삶을 "못난이의 정치"라고 규정한다. 효도와 우애를 정치의 일종으로 보는 관점은 《논어》 〈위정(爲政)〉에서 이미 제시된 바 있다. 누가 "당신은 왜 정치를 하지 않나요?"라고 묻자 공자는 이렇게 대답했다. "《서경(書經)》에 이런 구절이 있다. '효로다, 오직 효! 그리고 형제간의 우애, 그것을 정치에 베풀도다.' 이 역시 정치를 하는 거다. 어째서 구태여 일부러 정치를 하겠는가?"

반악은 왜 하필 '못난이'의 정치라고 하는가? 공자는 효도와 우애가 정치의 일환이 될 수는 있을지언정, 못난이의 정치라고 한 적은 없는데? "못난이의 정치"라는 표현에는 겸양의 태도와 더불어 어떤 상흔이 느껴진다. 내가 진짜 잘났다면 중앙 정계에서 활개 치며 뜻을 펼쳐보련만, 자신은 그만큼 잘나지 못했기에 조용히 정원이나 가꾸겠다는 것. 퇴영적인 자조의 느낌이 충만하다. 실로 중앙 정계 이외에 달리 정치적 포부나 사회적 책임감을 실현할 대안 공간이 없다면 정계 은퇴는 곧 세상의 뒷방에서 늙어가는 일과 다를 바 없다.

그 피해의식을 극복하면서 등장한 것이 이른바 성리학이다. 성리학의 가치관에 따르면, 중앙 정계에서 높은 관직을 꿰어 차는 것이 결코 능사가 아니다. 진정 훌륭한 인간은 명예와 이익을 얻기 위해 정계에 뛰어드는 사람이 아니라 그러한 속된 가치를 넘어서는 인간이다. 그러한 인간은 구태여 중앙 정계에 진출하지 않고 지방에 머물러 있어도 전 우주를 꿰뚫는 단일한 이치를 파악하고 실현할 수 있다. 지방에 있다고 해서 못난이가 되는 것은 결코

Unknown, Natural history museu of Ole Worm, Museum Wormiani Historia, 1655.
©Wellcome Trust

아니다.

　13세기 이래 중국 지식인 사회를 풍미했던 이 성리학의 세계관도 졸정원 이후의 시대, 즉 명나라 후기가 되면 점점 무너지기 시작한다. 사람들은 묻는다. 과연 세계를 관통하는 단일한 이치라는 것이 있을까? 그런 것이 있다고 한들 정말 개인이 구현해낼 수 있을까? 이런 의심이 팽배해간 시기는 바로 중국에서 정원이 성행한 시기와 일치한다. 그리고 그 시기는 유럽에서 분더카머(wunderkammer: 진귀한 사물 수집 공간)가 유행한 시기와도 겹친다.

　중국 사람들이 그토록 대단하다고 자랑하는 정원이건만, 정작 졸정원에 들어가 보면 관람객을 압도하는 것은 잡다함과 산만함이다. 지나칠 정도로 많은 기암괴석, 어지러워 보이는 다리와 회랑, 일견 불규칙한 조경은 정교하게 균형을 유지하고 있는 일본의 정원과 대조된다. 그리고 바로 그 점에서 분더카머를 연상시킨다. 문학 평론가 윤경희는 〈분더카머〉에서 "관람자는 번잡과 과잉이 야기하는 불안과 포만감을 동시에 향락한다"고 말했는데, 그것은 졸정원의 관람자가 받는 느낌과 일맥상통한다. 정원을 향유했던 명나라 말기의 지식인이든 분더카머에 열광했던 근대 초기의 식자층이든 "시대 혼종적 난입의 무질서로 파괴되고 확장하는 세계 속에서 지식의 결핍과 갈망을 동시에 겪는 사람은 사물들뿐 아니라 자기의 위치를 질문하고 거듭 재정의해야" 했다.

　유럽의 분더카머에 비해 명나라 말기의 정원은 규모가 자못 크다. 그런 정원을 건설할 수 있는 재력이 없던 이들은 어떻게 했을까? 분더카머처럼 "외부세계에 편재한 각종 감각적 대상들을 향한 인간의 애호심과 백과사전적 앎의 의지를 입체적으로 표상하고 가시화"하는 대신, 자신이 애호하는 사물과 기억을 빼곡히 기록하는 책을 썼다. 문진형(文震亨)의 《장물지(長物志)》나 이어(李漁)의 《한정우기》(閑情偶奇)는 다름 아닌 책으로 된 분더카머다. 이어는 말한다. "개요를 간단한 책으로 간행하여 나처럼 별난 취향을 가진 사람이 선택하도록 제공하고자 한다. 그중의 하나를 얻으면 나를 마주하는 것과 같을 것이므로, 이 글은 실제로 정신적 교류에 도움이 될 것이다."

두 도시의 비 오는 풍경

신분

19세기 프랑스 작가 발자크는 도시는 "끝없이 행진할 뿐 결코 쉬지 않는다"고 말했다. 그러나 도시도 갑자기 쉬어야 하는 순간 이 있다. 소나기가 쏟아지면, 사람들은 하던 일과 가던 길을 멈추 고, 비를 피하기 위해 사방으로 흩어진다. 펠릭스 발로통의 1894 년 작 석판화 〈소나기(L'averse)〉는 갑작스러운 비를 만난 대도시 파리 시민들의 부산한 움직임을 포착한다.

파리의 대도시화는 19세기에 와서 본격적으로 이루어졌다. 18세기에 대략 50~60만 명 정도에 그치던 파리 인구는 1831년 에 78만여 명, 그리고 1846년에는 마침내 100만 명에 이른다. 그 중 지주, 부르주아, 고위공무원 등으로 이루어진 5퍼센트의 상류 층이 부의 75.8퍼센트를 차지했고, 육체노동자로 이루어진 76퍼센트의 하류층이 부의 0.6퍼센트를 소유했다. 그 사이에 소상공인, 수공업 노동자 등으로 이루어진 중간층이 있었다. 이 계급들은 업무 때문에 만날지언정 서로 어울려 살지는 않았다. 예컨대, 파리의 북동부 지역에는 저소득 노동자들이 살고, 서부에는 부르주아들이 살았다.

이처럼 19세기 파리는 계급적으로 성층화된 대도시였건만 소나기가 몰아치는 저 순간만은 모두가 평등해 보인다. 19세기 파리 시민들은 자신이 속한 계급이 무엇이든 소나기라는 갑작스러운 사태를 맞아 다들 공평하게 황망한 모습이다. 비를 피해야 하는 처지는 실크해트를 쓴 신사나 아이나 마부나 여인이나 모두 마찬가지다.

소나기를 만나 잠깐이나마 모두 평등해지는 순간은 동양의 그림에도 있다. 원래 속했던 화파인 카노파(狩野派)를 뛰쳐나와 자기 유파를 만들고, 쇼군의 첩을 풍자했다는 이유로 유배를 당하기도 했던 에도시대 화가 하나부사 잇초(英一蝶). 그가 18세기 전반에 그린 그림 〈비를 피함(雨宿圖屛風)〉을 보라. 각계각층의 사람들이 갑자기 거세게 몰아치는 비를 피하기 위해 대저택 처마 아래 옹기종기 모여 있다.

에도(江戶: 옛 도쿄)의 대도시화는 파리의 경우보다 훨씬 이른 18세기 초에 이미 완성되었다. 18세기에 이미 인구가 100만 명 이상에 달했으니, 에도는 명실공히 당시 세계 최대의 도시였다. 일본의 이러한 도시화는 16세기 후반 이래 전국적으로 진행된 병

Félix Vallotton, L'averse – Paris intense (The Rain), 1894.

Hanabusa Itchō, Taking Shelter from the Rain, after 1709.

농분리(兵農分離)의 결과였다. 당시 일본 엘리트층인 사무라이가 도시에서 거주하게 된 현상을 일러, 미토번(水戶藩)의 학자 아이자와 야스시(會澤安)는 《신론(新論)》에서 원래 사무라이는 다 농촌에 거주했으나 전국시대의 동란 이후 농촌을 떠나서 토착무사가 없어진 것이야말로 큰 변화라고 지적한 바 있다. 이 점은 상대적으로 도시가 미발달하고, 상당수의 양반이 지방에서 거주한 조선의 모습과 대조를 이룬다.

　18세기 에도 인구는 대략 사무라이 가족 60만 명, 상공인 가족 50만 명, 사찰 관련 인구 10만 명 등으로 구성되었다. 그리고 파리와 마찬가지로 이들의 거주 지역은 엄격하게 분리되어 있었다. 일본의 신분제는 동아시아 어느 나라보다 강고했고, 1870년 신정부가 신분제 철폐를 공포할 때까지 혹은 그 이후에도 신분의 흔적이 남아 있었다는 것이 학자들 다수의 견해다.

　이처럼 신분 간 구분이 강고했던 에도시대 일본에서도 비가 갑자기 몰아치면 별수 없다. 다들 황망하게 비를 피할 곳을 찾아야 한다. 바로 그 점에서 하나부사 잇초의 〈비를 피함〉은 정치적인 풍경이다. 그들이 이렇게 모여 있는 모양새 자체가 강렬한 인상을 남기는 이유는 그들이 평소에는 한자리에 있을 수 없는 처지라는 데 있다. 이들이 이렇게 모이고 단결할 수 있었던 것은 소나기라는 일시적인 위기에 의해 비로소 가능했다. 마치 예상하지 못했던 감염병이 창궐하면 사람들이 갑자기 평소보다 단결하는 것처럼.

5부

생각의 공화국

실로, 생각은 침잠이 아니라 모험이며,
그것이야말로 저열함에서 도약할 수 있는 인간의 특권이다.
타인의 수단으로 동원되기를 거부하고, 자극에 단순히 반응하는
일을 넘어, 타성에 젖지 않은 채, 생각의 모험에 기꺼이 뛰어드는
사람들이 만드는 터전이 바로 생각의 공화국이다.

문제를 어떻게 해결할 것인가

———

한국 사회

세상은 문제투성이다. 그렇지 않다고? 세상은 아름답다고? 내 인생에는 아무 문제도 없다고? 정말? 그렇다면 축하한다. 다만, 당신과 더 할 이야기는 없다. 당신은 바닥없는 꿀통에서 '꿀을 빨다가' 언젠가 때가 되면 익사하게 될 것이다.

세상은 문제투성이다. 그렇지만 어쩔 수 없다고? 문제는 불치병처럼 사라지지 않을 테니, 아무것도 할 수 없다고? 정말? 그렇다면 유감이다. 다만, 당신과 더 할 이야기는 없다. 당신은 이 문제투성이의 세상에서 계속 살아갈 것이다. 가까스로 견디다가 때가 되면 죽을 것이다.

인간은 신이 아니고 세상은 천국이 아니다. 세상은 문제투성이고, 삶은 온전하지 않다. 당연하고 완전한 것은 없다. 그러니 세상을 문제와 답으로 재구성해볼 수 있어야 한다. 물어야 한다. 이 사태가 문제라면 답은 무엇인가? 이 사태가 답이라면 문제는 무엇인가? 그래야 상황을 이해하고 개선을 도모할 수 있다.

이를테면 군대는 어떤가. 넷플릭스에서 절찬리에 상영되고 있는 드라마 〈D.P.〉는 기시감이 드는 군대 상황을 새삼 문제시한다. 구타, 가혹행위, 비리, 탐욕 등 여러 현상을 묘사한 끝에, 결국 아무 문제도 해결되지 않고 비극적 결말로 치닫는 과정을 그린다. 여느 사람보다 마음이 더 순했던 일병 조석봉. 그럼에도 불구하고, 아니 그렇기 때문에 더 가혹행위에 시달려온 조석봉 일병. 그의 상처와 분노는 마침내 임계점을 넘고, 자신을 가장 괴롭혔던 제대병 황장수를 처단하기 위해 병영을 뛰쳐나와 서울로 향한다.

어떻게 하면 이 비극을 막을 수 있을까. 비극을 막기 위해서는 문제의 원인을 파악해야 한다. 원인을 제거하지 않으면 결과는 반복될 것이다. 원인을 찾아야 한다. 그래서 탈영병 조석봉은 가해자 황장수에게 거듭 묻는다. 왜 그랬냐고. 도대체 왜 나를 그토록 괴롭혔냐고? 왜 구타하고, 모욕을 주고, 억지로 자위행위를 시켰냐고. 비극의 시발점으로 설정된 황장수의 가혹행위는 도대체 어디서 온 것일까. 탈영병뿐 아니라 시청자도 궁금하지 않을 수 없다. 황장수는 울먹이며 말한다. "그래도 되는 줄 알았어."

이것은 드라마 〈D.P.〉에서 가장 중요한 대사다. 황장수의 말대로라면 가해자는 악행을 저지르자고 큰 결심을 한 끝에 피해자를 괴롭힌 것이 아니다. 자기 짓거리가 지독한 악행임을 의식하면서 저지른 것이 아니다. 가해자는 그런 짓을 해도 된다는 나른한 명분을 가지고 저지른 것이다. 그 명분 아래서 많은 이들이 그간 같은 악행을 저질러온 것이다. 그래서 가해자는 말한다. "그래도 되는 줄 알았어."

군대 내 가혹행위는 상명하복을 위한 위계적 조직에서 생겨나고, 위계적 조직은 전쟁을 효율적으로 수행해야 할 필요에서 생겨났다. 동료를 사살해야 될지도 모르는 상황에서 머뭇거리는 병사들에게 헌병대장은 일갈한다. 이건 전시 상황하고 다를 바 없어! "남자들은 나빠. 군대는 지독해. 평화가 좋아. 사람들은 서로를 사랑해야 해." 이렇게 나른하게 말해봐야 소용없다. 외적과의 전쟁 가능성이 상존하는 한 군대는 필요하고, 군대가 존재하는 한 상명하복을 위한 위계적 조직의 명분은 살아 있다. 그 명분 속에서 가혹행위는 독버섯처럼 자라날 것이다.

명분이 있다고 해서 군대 내 가혹행위에 면죄부가 발급되는 것은 아니다. 위계적 조직이라고 해서 다 가혹행위가 발생하는 것은 아니다. 위계적 조직은 자칫 가혹행위를 유발할 수 있는 환경이지만, 끝내 그런 행위가 발생하기 위해서는 다른 요인들이 거들어야 한다. 군대에 들어와서 보고 들은 것이 그런 짓이었기에 가해자는 그저 따라서 한 것뿐일지도 모른다. 한번 저질렀는데 아무도 말리지 않아서 계속했는지도 모른다. 혹은 너무 권태로워서 그랬는지도 모른다. 일반인 평생에 다시 오지 않을 권력감을 느끼기 위해 그랬는지도 모른다.

그렇다면 가혹행위의 근본 원인은 어디에 있는 것일까? 남자들이 가지는 폭력성? 일제 식민지 잔재? 그냥 군대문화? 어서 원인을 알려줘! 그것만 도려내면 문제가 완전히 해결될 것 같은데! 단일 원인을 찾아내어 단죄하려는 유혹은 강렬하다. 그러나 분명하고 단순한 원인을 찾아내는 일은 쉽지 않다. 아니, 그런 것은 없다. 어떤 문제가 오래 잔존해왔다는 것은 다른 것들과 연결되어 있다는 뜻이다. 다른 많은 것들이 존재하기 때문에 그 원인도 존재할 수 있는 것이다. 세월호 비극의 뿌리가 한국 사회 전체에 산포되어 있는 것처럼, 많은 문제의 원인은 대개 해당 사회 전체에 퍼져 있다.

그렇다고 해서 책임져야 할 사람이 불분명한 것은 아니다. 누가 책임져야 하는가? 죽은 병사의 누나가 동료 병사에게 묻는다. "(가혹행위가 벌어지는데) 왜 보고만 있었어요?" 조문 온 동료 병사는 고개를 숙인다. "죄송합니다." 왜 그는 보고만 있었을까? 두려워서다. 영웅이 아닌 보통 사람이 저항하기 위해서는 수평적인 조직이 필요하다. 그러나 군대는 위계를 장려할 뿐 수평적인 조직은 허용하지 않는다. 병사 노조 같은 말은 들어본 적도 없다.

위계를 생명으로 하는 조직에서 저항은 쉽지 않지만, 우선적인 책임자를 판별하기는 쉽다. 위계가 분명한 조직은 권한과 책임

Non datur, eximias veneret, ut INSCIVS ARTES,
Solus eas quærens noscere gestit AMOR.   INSCIVS NON HONORABITur.   Sed datur, ut spretâ iaceat calcatus ab ARTE
INSCIVS, et solido casus honore ruat .

Aegidius Sadeler II, Wisdom Conquers Ignorance, 1600.

을 명시해두고 있기 때문이다. 상황을 개선해볼 수 있는 권한을 가진 사람이 우선적인 책임자다. 문제의 무한 반복을 멈추거나 늦출 수 있는 권한을 가진 이가 우선적인 책임자다. 드라마 〈D.P.〉에서는 헌병대장이 바로 그런 책임자다. 조직의 장이 되겠다는 사람은 자신이 저지르지 않은 일까지 책임지겠다는 사람이어야 한다. 그러나 조직의 장이 된 사람은 책임을 지기보다는 보신에 힘쓰는 경우가 많다. 마침내 조직의 장이 된 사람은 대개 높이 올라가고 싶어 했던 사람이고, 그런 사람은 대개 더 높은 곳으로 승진하고 싶어 한다. 무난히 권력의 사다리를 오르기 위해서는 임기 내에 시끄러운 일이 생기면 안 된다. 그래서 위험과 책임을 하청 주는 데 열심이다. 스스로 판단할 문제를 부하에게 미루고, 책임 소재를 흐리기 위해 위원회를 증설한다.

그러다 보면 결국 탈영병이 자기 머리통을 쏜다. 이 세상을 바꿀 수 없다면 이 세상으로부터 나가기라도 해야겠습니다. 당신들만 빨고 있는 이 거대한 꿀통으로부터 전 이만 벗어나겠습니다. 탕.탕.탕. 살아남은 사람은 어떻게 하는가. 살아야 하니까 결국 비극을 잊고 일상으로 돌아갈 것이다. 자살한 탈영병을 사랑한 사람만 끝내 비극을 잊지 못한다. 그 역시 세상을 바꿀 방법 같은 것은 모른다. 그러나 무엇이든 해야겠다고 느낀다. 가해자들과 방관자들이 가득한 내무반에 총격을 가한다. 꿀통은 바꿀 수 없지만, 당신들만큼은 꿀통 속의 시체가 되어주셔야겠습니다. 타타타타타.

이것이 최선이었을까. 드라마 〈D.P.〉는 이 마지막 총격이 진짜 해결책이었다고 주장하지는 않는다. 문제를 제기한 사람들만 제거되었을 뿐, 세상은 여전하다는 걸 보여주면서 드라마는 끝난다. 〈D.P.〉는 문제를 제기하는 드라마지, 해결책을 제시하는 드라마는 아니다. 자, 그럼 이제 시청자는 어떻게 해야 하나. 남성을 없애거나 군대를 없애거나 전쟁을 없애면 되는가? 과연 어떻게?

방관이나 총격이나 자살이 대안이 아니라면 무엇이 대안인가? 여기에 쉽고 확실한 답은 없다. 오히려 쉬운 답이 있는 것처럼, 자기는 다 해결할 수 있는 것처럼 말하는 사람을 경계해야 한다. 문제 뒤에 어떤 거대한 음모가 존재하고 그 음모가만 없애면 되는 것처럼 이야기하는 사람, 문제의 원인만 쉽게 도려낼 수 있는 것처럼 이야기하는 사람, 다른 사람은 무관하다고 이야기하는 사람, 막연하게 이건 우리 모두의 문제라고 퉁치는 사람, 자기는 다 해결할 수 있다고 약을 파는 사람을 경계해야 한다. 모든 대안은 그 나름의 부작용이 있다는 걸 인지하고 있는 사람, 일에는 비용이 따른다는 것을 감안하고 있는 사람, 기회비용까지 고려하고 있는 사람, 일시에 모든 문제를 해결할 수는 없다고 말하는 사람, 그러기에 다음 세대만큼은 문제를 해결할 수 있게끔 양질의 선택지를 마련해주려는 사람 말을 경청해야 한다. 우리 자신에게 좋은 선택지는 아마 이미 소진되어버렸음을 인정하면서.

새로운 서사를 찾아서

———

1980년대 운동권 세대

영화 〈다크 나이트〉에 나오는 지방 검사 하비 덴트는 불공정하고 부조리한 고담시에서 외롭게 정의를 수호하는 인물이다. 세상이 비록 부패로 얼룩졌더라도 하비 덴트와 같은 인물이 있기에 사람들은 절망하지 않는다. 물론 그 한 사람이 분투한다고 해서 세상이 갑자기 바뀌는 것은 아니지만 사람들은 그의 존재를 통해 세상이 그래도 참고 살 만한 곳이라고 위안할 수 있다. 세상이 그래도 조금씩 나아지고 있다는 서사 속에서 살아갈 수 있다.

정의를 투명하게 실현하고자 하는 열망에 불타는 하비 덴트에게 보통의 악당들은 적수가 되지 못한다. 비록 범죄가 조금 늘어나고 치안이 다소간 엉망이 되고 부패한 정치인들이 여전해도 하비 덴트와 같은 인물이 건재하는 한 고담시의 희망은 흔들리지 않는다. 그러나 희대의 악당 조커는 다르다. 조커는 단순히 불공정과 부정의를 조장하고 소요를 일으키는 데 그치지 않는다. 그는 하비 덴트라는 존재 자체가 불가능함을 보여주고자 한다. 그리하여 정의란 근본적으로 불가능함을 증명하고자 한다. 자칭 타칭 정의의 화신인 하비 덴트마저 진정한 정의의 사도가 아니라 다만 정의의 외피만 쓰고 있는 위선적 존재에 불과하다는 것을 폭로하고자 한다. 조커의 뜻대로 하비 덴트마저 타락한 존재로 판명된다면 이 세상은 부정의와 불공정이 판치는 곳 정도가 아니라 정의와 공정이 아예 근본적으로 존재할 수 없는 곳임을 뜻하게 된다.

한국 현대사에서 운동권은 하비 덴트였다. 그들은 부정의한 군부 정권을 상대로 영웅적으로 싸우는 정의의 사도임을 자임했다. 운동권이 마침내 정권을 잡았다는 것은 하비 덴트가 마침내 고담시에 정의를 구현할 수 있는 권력을 장악한 것과 같다. 그러나 비판자들의 눈에는 이들 '전직' 운동권조차 정의와 공익의 수호자가 아니며, 자신의 협애한 이해관계에 따라 움직이는 지극히 범용한, 다만 운이 좀 좋았던, 그러나 운을 실력으로 착각했던 존재들에 불과하다. 비판자들이 주장하는 대로 권력을 쥔 전직 운동권이 돌이킬 수 없이 타락한 존재로 판명된다면 이는 부정의를 표상했던 군부 정권이 타락하는 것과는 그 의미가 사뭇 다르다. 전직 운동권들은 누구보다도 투명하게 정의를 구현하는 존재로 자임하고 그것을 동력으로 권력을 쥐었기 때문에 그들의 실패는 자칫 정의 자체의 불가능성을 의미할 수 있다. 그것은 곧 한국 현대사를 지탱해오던 한 신화가 그 무능함을 드러낸다는 것, 그 신화에 기초해서 구성원들의 정열을 동원해온 서사가 불가능해짐을 의미한다. 다시 말해서 전직 운동권들의 위선이 판명된다면 그것은 다른 집단의 도덕적 무능력과는 다르다. 그 사태는 보편적 정의를 표상하는 이 사회의 능력, 공동의 삶에 의미를 부여할 수 있는 서사 가능성 자체에 대한 회의로 이어질 수 있다.

그리하여 결국 도래할 것은 조커가 열망하던 세계, 즉 자연 상태다. 이 자연 상태는 정치 질서가 도래하기 이전, 즉 인류의 시원 상태로서의 자연 상태가 아니라 기존 질서가 대안 없이 회의에 빠졌을 때 도래하는 인공적인 자연 상태다. 더 이상 공익과 정의를 믿을 수 없게 된 나머지 차라리 다 같이 불행해지자고 할 때 자연 상태는 시작된다. 자기가 속한 사회에 책임을 다하기보다는 삶을 구경거리로 삼거나 개망나니로 살다가 죽기를 택할 때 이 자연 상태는 시작된다. 이 자연 상태 속에서 공익 추구는 사욕 추구로 바뀌고, 정의는 당파성으로 대체되고, 정치인의 공적 연설은 고성방가에 자리를 내주고, 무차별적인 공격성이 곧 권위주의 타파로 여겨지고, 타파된 권위의 자리는 책임 회피가 대신 메우고, 준법은 편법으로 대치되고, 탈권위는 무례함과 혼동되고, 책임이 있던 자리에는 자기방어가 들어선다. 이곳은 자신의 생각을 정당화할 자신이 없기에 타인을 더 과도하게 비난하는 세계, 모두가 마음에

죽창 하나쯤은 지닌 가해자이면서 피해자연(然)하는 세계, 혐오를 연료 삼아 상대의 의견에 잔혹한 댓글을 다는 세계, 모두가 살아남기 위해 혈안이 된 나머지 점점 저열해지고 있다는 감각마저 마비되는 세계, 당장 피를 흘리지는 않더라도 사실상 내전 중인 세계다. 이러한 자연 상태에서는 타인에 대한 선의를 키울 수 없고, 미래에 대한 전망을 상상할 수 없고, 자기보다 큰 세계에 대한 시선을 유지할 수 없고, 자신과 세계가 나아지는 도정에 있다는 서사를 향유할 수 없고, 결국에는 위엄 있는 생존을 보장할 수 없다. 이런 세계라면 내일이 와도 한사코 깨어나고 싶지 않을 것이다.

그러나 마치 오지 않을 것 같던 내일은 자연 상태에서마저 반복해서 오는 법. 앞날이 없는 사람처럼 행동했을 때, 가장 난감한 것은 다음 날이 밝았다는 사실이다. 그렇게 다소곳하게 비참한 아침이 온다. 가끔 죽고 싶다는 생각을 전혀 하지 않고 살아가는 사람이 있다면 그것도 놀라운 일이지만, 인간은 그래도 대개 살고 싶어 하는 존재다. 살아도 괜찮다는 말을 듣고 싶은 존재다. 언젠가는 죽는다는 사실을 알면서도 심연을 늘 들여다보지는 않은 채로, 어느 정도의 희망을 유지한 채로. 견딜 수 있는 정도로 현재를 희생해가며, 나름 긴 안목의 삶을 가꾸고 싶은 존재인 것이다. 행복한 사람이 되지는 못해도 행복하기 위해 노력하는 사람이 되고 싶은 존재인 것이다.

그러한 존재들이 모여 정치 공동체를 제대로 유지해낼 수 없

Lou Strik, Sokkels met handen, een hoofd en maskers, 1962.

다면, 인공적 자연 상태에서 빠져 나올 수 없다면, 그것은 단순히 부동산의 폭등이나, 입시의 불공정이나, 신자유주의의 폐해나, 친일파의 발호나, 미 제국주의의 압력 때문만은 아니다. 마찬가지로 정치 공동체가 갑작스레 튼실해진다면, 단순히 시장 원칙에 충실해서나, 다수결의 원칙에 따라서나, 여론조사를 자주 해서나, 전국민적 이벤트를 자주 벌여서가 아니다. 정치 공동체의 유지와 지속에 필수적인 공적인 가치와 서사가 부재하는 한, 그에 기초한 의사소통 능력과 갈등 해소 능력이 고양되지 않는 한, 자연 상태로부터의 탈피는 요원하다. 그렇다면 지금까지 한국이라는 정치 공동체에 주된 연료를 제공해온 민족주의적인 서사, (영화 〈1987〉이 보여주는 것 같은) 86 운동권 세대가 주인공이 되는 정의의 서사는 이 공동체의 해체를 막을 수 있을 것인가.

영화 〈다크 나이트〉에서 하비 덴트는 결국 조커에게 패배한다. 조커에 의해, 하비 덴트는 역시 정의의 사도가 되기에는 너무나 무력하고 범용한 사람으로 판명되고 마는 것이다. 그러나 배트맨은 하비 덴트가 저지른 실패를 사실 자신이 했다고 뒤집어쓰고 하비 덴트가 여전히 정의의 사도라는 사람들의 믿음을 유지시키고자 한다. 하비 덴트 이외에는 다른 대안이 없으니까. 그 믿음 없이는 고담시의 질서는 불가능하니까. 비록 사실이 아니라 픽션이라고 해도 고담시의 유지를 위해서는 하비 덴트의 신화가 필요한 것이다. 그래서 배트맨은 하비 덴트를 대속(代贖)하며 공동체의 신화를 재건한다.

한국이 고담시일지는 모르나 이곳에 배트맨이 없는 것은 확실하다. 한국이라는 고담시를 위해서 한국의 하비 덴트는 자신의 신화를 스스로 재구축할 수 있을 것인가? 정치 역시 예술처럼 픽션을 만들고 유지하는 체제일진대, 소위 진보적 민족주의 서사나 보수 우파적 서사가 미래를 위해 유용한 픽션을 제공할 수 있을까? 한국 고대사를 둘러싼 논란이나 자본주의 맹아 논쟁이나 식민지 근대화론이나 모두 미래의 픽션을 제공하기 위해 한국의 과거를 경쟁적으로 해석해왔다. 그들의 주장이 무엇이건, 최선을 다했고 또 최선을 다하지 못했던 일들, 어쩔 수 없었고 동시에 어쩔 수 있었던 일들, 성실했지만 꾸준하지는 못했던 일들, 두려워서 하지 못했던 그러나 때로는 과감했던 일들, 결핍이 있었으나 그 결핍을 메우고자 시도했던 시간들, 원하는 것을 얻기 위해 수모를 참은 시간들, 저력과 무기력을 동시에 드러낼 수밖에 없었던 시간들, 이루지 못한 꿈과 대답을 듣지 못한 애착 때문에 미쳐간 시간들이 모두 이 땅의 역사 속에 있다. 문제를 느끼면서도 쉽게 앞으로 나아가지 못하는 밤이 왔고, 시대의 종언을 알리는 일들은 벌어지고 있으며, 제대로 갈무리되지 못한 기억들은 베개 밑에 놓여 있다. 고이 접히지 못한 채 놓여 있다. 정치 공동체는 곧 기억의 공동체라는데, 무엇을 어떻게 기억할 것인가. 어떤 서사 속에서 살아갈 것인가.

인간은 언제 변하는가

———

예술적 정치

인간은 변하는가? 플로리안 헨켈 폰 도너스마르크 감독의 영화 〈타인의 삶〉에 나오는 구 동독의 고위 관료는 말한다. "인간은 변하지 않아." 인간을 자기 예측대로 통제하고 싶은 사람은 인간이 변하지 않기를 바란다. 인간이 변하지 않아야 예측하기 쉽고, 예측하기 쉬워야 통제하기 쉬울 테니까. 두고두고 상대를 미워하고 싶은 사람도 상대가 좋게 변하지 않기를 바란다. 상대가 변하지 않아야, 자신의 증오가 계속 정당화될 테니까.

미래의 사회주의가 아니라 20세기의 사회주의 체제는 국민을 강하게 통제하고 감시하려 들었다. 시장이나 시민사회에 맡길 만한 많은 일들이 관료들의 계획과 통제와 감시에 맡겨졌으니, 그 사회는 관료 중심 사회이기도 했다. 사람들은 원래 사회생활의 각

국면에서 필요한 가면을 쓰곤 하는데, 감시사회에서는 한결 두꺼운 가면 뒤로 숨어버린다. 무슨 꼬투리를 잡힐지 모르기 때문에 자신의 속내를 좀처럼 드러내지 않는다. 감시를 강화할수록 상대를 더 알 수 없게 되는 아이러니가 감시사회에 있다.

구 동독의 정보기관 슈타지는 좀 더 효과적인 통제를 위해서 아예 도청을 시도한다. 그 누구보다도 관료적인 비밀경찰 비즐러가 반체제 성향의 극작가 게오르크 드라이만과 그의 여자친구이자 배우인 크리스타-마리아 질란트의 도청을 맡는다. 비즐러의 이 도청 행위는 생각지 못했던 아이러니를 낳는다. 반체제 인사들이 바뀐 것이 아니라 도저히 변할 것 같지 않던 동독 사회의 완벽한 '부속품'인 비즐러가 변해버린 것이다.

비즐러라는 인간은 어떻게 변할 수 있었나? 외로운 관료적 기계 비즐러는 도청을 통해 그간 자신이 도저히 상상하지 못했던 예술가들의 세계를 들여다보게 된다. 자신이 상상한 예술가들의 세계가 아니라 실제로 존재하는 예술가들의 세계를. 이제 비즐러의 마음에 무엇인가 온다. 이 변화의 순간이란 언제 어떻게 도래하는 것일까. 그 순간이야말로 인간의 통제 영역 밖에 있는 것이 아닐까. 인간의 변화는 학교에서 수업을 통해 가르친다고 냉큼 오는 것도 아니고, 정부의 계몽 프로그램에 참석한다고 후다닥 오는 것도 아니고, 예술가들의 공연을 감상한다고 반드시 오는 것도 아니다. 어느 의외의 순간, 변화는 일어난다. 비즐러의 경우 가면을

Florian Henckel von Donnersmarck, Das Leben der Anderen, 2006. ©IMDB

벗은 예술가들의 모습에 직면했을 때 그 순간이 왔다.

이제 비즐러는 자신이 그간 봉사해온 현실 사회주의 체제를 전복하기 시작한다. 사회주의를 버리고 자본주의에 투항하는 것이 아니다. 동독 정권을 전복할 유혈혁명을 꿈꾸는 것이 아니다. 관료 사회의 한복판을 예술에 공감한 단독자로서 질주하는 것이다. 〈열정 소나타〉를 계속 들었으면 혁명을 완수할 수 없었을 것이라고 레닌은 말했지만, 〈열정 소나타〉를 듣지 않는 정치는 관료주의로 흐른다. 이제 비즐러는 〈열정 소나타〉를 들어버린 사람. 그가 꿈꾸는 사회는 관료적 명령이 아니라 예술적 소통이 사람들을 나직하게 매개하는 사회다.

비즐러는 숨은 도청기술자가 아니라 숨은 일상의 '예술가'가

된다. 자신을 드러내지 않고 장막 뒤에서 반체제 인사의 탈출과 활동을 돕는다. 그 활동 위로 세월은 흐르고, 마침내 동독 사회주의 체제는 무너진다. 새로운 시대가 열렸을 무렵, 극작가 게오르크 드라이만은 자신의 책을 한 번도 '제대로' 만난 적이 없는 비즐러에게 헌정한다. 길을 걷던 비즐러가 어느 서점으로 들어가 책을 펼치고, 그 나직한 헌사를 확인하는 장면으로 〈타인의 삶〉은 끝난다. 이 마지막 장면에 대한 주석으로는 시인 한정원의 〈시와 산책〉 속 한 구절이 적합하다. "나의 우월함을 드러내는 연민이 아니라, 서로에게 원하는 것이 있어 바치는 아부가 아니라, 나에게도 있고 타인에게도 있는 외로움이 있어 우리는 작은 원을 그렸다. ……소극적으로 사귀었고 말없이 헤어졌지만, 나는 이것이 우정이 아니었다고는 말하지 못하겠다."

정치인은 잘 씻어야 한다

심미적 정치

"저자의 목을 쳐라!" 세상에 여러 악연이 있겠지만, 목을 베는 사람과 목이 베이는 사람 간의 악연만 한 것도 드물다. 저 사람을 딱히 미워할 것도 없는데, 망나니는 이제 눈앞에 있는 사람의 목을 쳐야 한다. 죽을 사람은 망나니가 직업상 할 수 없이 자기 목을 베는 것을 알면서도 그 망나니를 좋아하기는 어렵다. 목 베인 이의 자식이 그 망나니를 길에서 마주치면 어떨까. 과연 아무 감정 없이 지나칠 수 있을까. 이 원한은 대를 이어 지속된다.

정작 목을 치게끔 만든 권력자는 자기 손에 피를 묻히는 대신 안락의자에 앉아 있다. 목을 치는 것 같은 비천한 일은 망나니에게 외주를 주었기 때문이다. 이런 일은 현대에도 비일비재하다. 수십 년 전 군사 정권 타도를 위해 거리에 나온 시민들은 전경들과 마주하여 화염병을 던졌고, 전경들은 최루탄을 쏘며 그 시민들을 진압했다. 전경들은 의무 복무 규정 때문에 그 자리에 있어야 했던 사람들이므로 시민들을 미워해야 할 이유 같은 것은 원래 없었다. 그러나 정작 화염병이 날아오고 최루탄이 터지면 현장의 시민들과 전경들은 서로를 미워하게 된다. 정작 그 사태를 초래한 주요 당사자는 어딘가 안락의자에 앉아 양주를 마시고 있을지라도.

중세 유럽의 망나니는 욕과 저주를 퍼부으면서 죄수의 목을 쳤을 것 같지만, 실은 그렇지 않다. 중세에는 참수당하는 사람과 망나니가 마주한 그 비천한 현실을 완화하기 위하여 만든 장치가 존재했다. 망나니는 칼을 휘두르기 전에 사형수에게 먼저 용서를 구한다. 사적 감정은 없으나 이 일을 할 수밖에 없는 자기 처지에 대해 양해를 구하는 것이다. 그다음 사형수는 망나니의 일을 양해한다는 표시를 한다. 역사가들에 따르면, 사형수 중에는 망나니에게 키스를 요청한 사람까지 있었다고 한다. 이러한 예식을 통해 자칫 증오와 혐오로 얼룩질 수 있는 비천한 장면이 좀 더 견딜 만한 장면으로 고양된다. 비루해지기 쉬운 인간 현실이 예식을 통해 조금이나마 완화되는 것이다.

인간 현실이란 실로 비천하지 않은가. 예나 지금이나 세계는 자칫하면 폭력과 혐오와 질병과 반목으로 가득한 지옥으로 변한다. 중세의 시인 장 메쉬노(Jean Meschinot)는 노래한다. "아, 비참하고 서글픈 인생이여. 전쟁과 죽음과 기근이 그칠 줄 모르고, 추위와 더위와 낮과 밤이 우리를 쇠약하게 만든다." 네덜란드의 역사가 하위징아에 따르면, 비천한 현실에 대해서 인간은 세 가지 태도를 가질 수 있다.

첫째, 이 괴로운 세상을 외면하고 내세를 기대하는 것이다. 현생은 괴롭지만 사후에 도래할 세계는 천국일 것이다. 이러한 믿음을 가진 사람은 다행이겠지만 내세를 믿지 않는 이는 어쩌란 말인가. 그런 사람에게는 두 번째 선택지가 있다. 이 비천한 세상을 변혁해보고자 노력하는 것이다. 이 세상이 자신이 존재할 수 있는 유일한 곳이기에 바로 지금 이곳을 개선하자. 그러나 변혁의 의지는 아무나 가질 수 있는 것은 아니다. 강철 같은 의지로 세상에 맞설 수 있다면 가상하겠지만 의지가 박약한 사람은 어쩌란 말인가. 그런 사람에게는 남은 선택지가 하나 있다. 그것은 아름다운 꿈을 꾸는 일이다.

자면서 꾸는 악몽은 자신이 통제할 수 없지만, 깨어 있을 때는 삶의 환경을 가능한 한 아름답게 채색하고 그 채색을 통해 피어난 환상을 누릴 수 있다. 자포자기에 이르지 않는 사람은 자신의 세계를 더럽게 방치하지 않는 법. 부자는 부자대로 자신의 일상을 아름답게 치장하고, 가난한 사람은 가난한 사람대로 자신과 주변을 치장한다. 많은 이들이 창문가에 작은 화분을 놓아 자신의 세계에 깃든 아름다움을 누리고 싶어 한다. 독일 가수 헤베르트 그

뢴네마이야는 노래한다. "꽃 없는 창문이여, 보고 들을 것 없는 창문이여, 나는 살아 있는 것 같지 않네." 19세기 영국의 문인 토머스 칼라일에 따르면, 굶주림을 면한 원시인이 품은 첫 번째 소망은 안락이 아니라 치장이었다. 세계를 변혁할 역량이 없을 때는 치장을 통해 환상이라도 가져보는 것이 인간이다.

많은 이들이 정치판을 암투와 모략이 판치는 비천한 곳이라고 생각한다. 하긴, 삶이 대체로 비천할진대, 정치라고 예외일 수 있겠는가. 우크라이나 국회에서 발생한 주먹다짐이 해외 토픽으로 보도된다. "경고합니다! 의원들의 머리를 깨부수고 불구로 만들던 시대는 갔어요"라고 소리 질러도 국회의원들은 주먹질을 그칠 줄 모른다. 이것이 먼 나라 일만은 아니다. 대만 국회의원들도 돼지 내장을 상대에게 던져가며 난투극을 벌인 바 있고, 우리나라 국회의 역사에서도 의원들이 오물을 투척하거나 몸싸움을 한 사례가 수두룩하다. 얼마 전에는 잠재적 대선 후보의 조상 묘역을 파헤치고 음식 찌꺼기, 똥, 식칼, 부적 등을 묻거나 놓아두는 일이 발생했다. 매흉(埋凶)이라고 불린 이러한 저주성 테러는 옛 정치판부터 흔히 존재해왔다.

더러운 세속의 정치를 외면하고 싶겠지만, 복수의 인간이 사는 곳에서 정치는 불가피하다. 정치를 외면하는 것은 세속의 삶 자체를 부인하는 것이다. 쿠데타는 하루아침에 일어나도 세속의 정치는 하루아침에 개선되지 않는다. 많은 퇴보와 갈지자걸음을

Hans Weigel, A flyer, 1573.

거쳐 아주 조금씩 전진한다. 그 느리고 비천한 과정을 어떻게 견딜 수 있을까. 그 답답한 과정을 견디는 방법 중 하나가 바로 예식을 통해 꿈을 꾸는 일이다. 각자의 이해관계가 격렬히 충돌하는 지점에 심미적 형식을 부여하여 자칫 비천해질 수 있는 정치 과정을 고양하는 것이다.

과거의 정치에서 전쟁 다음으로 혹은 전쟁만큼이나 중요했던 것이 궁정 의례였다. 그 의례의 집행을 위해서는 평상복과는 다른 의례복이 필요하다. 실로 인간은 허기를 면하기 위해서만 음식을 먹고, 추위를 막기 위해서만 옷을 입는 것이 아니다. 현실을 치장하기 위해, 아름다운 꿈을 연기하기 위해 옷을 입는다. 집에서는 속옷 바람으로 누워 옹알이를 하던 사람일지라도 선생으로서 교단에 오를 때만큼은 정갈한 옷차림을 하고 말쑥한 사람을 연기한다. 교단에 오르는 일은 잠시나마 배움의 무대에서 함께 꿈을 꾸는 일이기 때문이다.

정치인도 마찬가지다. 국회의원이 등원할 때, 되도록 정장을 입는 것은 비천한 꼬락서니를 넘어서 어떤 멀쩡한 인물을 연기하기 위해서다. 정갈한 옷은 정갈한 언행을 하도록 영향을 행사하고, 그 정갈한 언행이 모여 말싸움이 아닌 토론이 이루어진다면 인간은 원숭이 이상의 존재가 되는 것이다. 현재 국회의원들이 즐겨 입는 정장은, 그간 그 옷을 입고 자행한 막말과 몸싸움 때문에 그 광휘를 잃은 상태이지만, 한때는 그것 나름대로 비천한 현실의 미학적 고양을 위해 고안된 것들이었다. 그러나 그 정장을 입고도 무례를 일삼을 때, 사람들은 분노한다. 우리의 삶이 고상하다는 환상을 깨뜨리고, 결국 비천한 세계에 살고 있다는 사실을 상기시키기 때문이다.

그리하여 그 정장에 도전하는 스타일이 생겨난다. 18년 전 유시민 전 의원의 백바지, 2020년 류호정 의원의 원피스, 2021년 이준석 대표의 자전거처럼. 이처럼 다음 세대의 정치는 새로운 정책이나 이념으로 발전하기 이전에 일견 새로운 스타일로 먼저 등장할 때가 있다. 한갓 외양에 불과한 일이라 할지라도 스타일의 갱신도 아무나 해낼 수 있는 것은 아니다. 갑자기 막춤을 추거나 터진 청바지를 입거나 거리의 패션을 흉내 내거나 막말을 해댄다고 해서 새로운 스타일이 창출되지는 않는다. "이 세상에 대하여 절망하면서 다른 한편으로는 세상의 화려한 아름다움에 탐닉하는 정신은 엄격하게 형식화된 행동의 도움이 없으면 존재할 수 없다."

진리가 무엇인지 아무도 미리 확신할 수 없을 때, 이성적인 사람들이 의지하는 것은 과학적인 과정이다. 탐구 과정을 엄정하게 관리하고 집행했을 때 결국 이르게 되는 상태가 진리라고 보는 것이다. 정의로운 사회가 무엇인지 미리 확고하게 정의할 수 없을 때 시민들이 의지하는 것은 공정한 과정이다. 과정을 공정하게 관리하고 집행했을 때 결국 이르게 되는 상태가 정의로운 사회라고 보는 것이다. 아름다운 정치가 무엇인지 아무도 확고하게 말할 수 없을 때 정치인들이 일단 의지해볼 수 있는 것은 심미적인 과정이다. 품위를 갖춘 스타일과 행동과 발화의 누적을 통해 결국 도달하게 되는 것이 더럽지 않은 정치라고 보는 것이다. 예식을 통해 혁명을 달성할 수는 없겠지만 정치를 살짝 고양할 수는 있을 것이다. 세상을 변혁할 수 없으면, 스타일이라도 갱신하고, 스타일을 갱신할 수 없으면 일단 잘 씻고 다니자.

스탠딩 코미디를 본다는 것은

———

관제 성공담을 넘어

동북아구술문화연구회(동북구연)에 다녀왔다. 이렇게 말하면, 학회에 다녀온 줄 알겠지만 동북구연은 학회가 아니라 젊은 스탠딩 코미디언 모임이다. 당신이 소파에 누워 TV 코미디 프로를 시청하는 동안, 이 젊은이들은 을지로에서 격주로 만나 자신들의 농담 실력을 갈고닦아왔다. 아무나 이들의 예리한 공연에 초대받는 것은 아니다. 정당 대표, 대선 후보, 대학의 학장처럼 인생에 일견 긍정적인 이들은 초대받지 않는다. 그들의 초대를 받으려면 건실한 비관주의자나 따뜻한 인간 혐오자가 되어야 한다.

동북구연 회장이 공연을 하루 앞두고 문자를 보내왔다. "주.글.것.가.타.요. 울면서 내려올까 봐." 마침내 대망의 공연일. 1980년대 풍경을 그대로 간직한 을지로. 그 오래된 빌딩 5층 옥상에 모인 청중들 머리 위로 태양이 붉게 저문다. 6월의 이 청량한 저녁 옥상은 지구상에 몇 남지 않은 지상천국을 닮았다. 그러나 농담이 실패한다면 코미디언들도 이 천국 같은 옥상에서 뛰어내리고 싶어지겠지. 투신한 코미디언은 '스탠딩' 코미디를 할 수 없다. 서 있을 수 없으니까.

뛰어내리고 싶지 않은 나머지, 코미디언들은 자기 존재의 가장 우스운(?) 부분을 끄집어내려고 최선을 다한다. 너나 할 것 없이 자신의 아픔(?)을 스스로 찌르기 시작한다. "온라인에서 남자들이 바지를 내리더군요. 저는 어릴 때부터 ××였어요. 온라인 ××." "아빠가 스님이 되고 싶어 엄마에게 이혼을 통보했어요, 그것도 카톡으로." "엄마에게 커밍아웃을 하자 엄마가 그러더군요. 그래도 살은 빼라고." "전 돌싱이 아니에요. 이혼하면서 업그레이드 되었으니 업싱."

코미디가 자학의 장르라는 점을 잘 보여준 고전 영화가 마틴 스코세이지 감독의 〈성난 황소〉(1980)다. 영화가 시작되면 성난 황소라고 불린 권투 선수 제이크 라모타가 섀도복싱을 하고 있다. 사력을 다해서 아무도 없는 허공을 한참 치고받는 슬프고 아름다운 흑백 장면이 끝나고 나면 제이크 라모타의 자멸적인 일대기가 펼쳐진다. 일말의 침착함도 찾아볼 수 없는 불같은 성격, 그 불같은 성격에서 나오는 가차 없는 돌진. 그 가차 없는 돌진에도 불구하고 마피아의 도움 없이는 챔피언이 될 수 없다. 간신히 챔피언

동북아구술문화연구회의 스탠딩 코미디 공연 포스터 ©김영민

에 오르자마자 그의 몰락은 본격적으로 시작된다.

제이크 라모타는 성난 황소처럼 돌진하는 복서였으나 바로 그 이유 때문에 몰락한다. 상대를 쉴 새 없이 몰아붙이는 그의 복싱 스타일은 권투가 아니라 광인의 구타를 닮았다. 그리고 그는 실제로 링 밖에서 사람들을 구타한다. 동생을 구타하고, 친구를 구타하고, 동업자를 구타하고, 아내를 구타한다. 모질고 불같은 성격이 그를 링 안의 챔피언으로 만들었지만 링 밖에서는 바로 그 성격이 그를 패배자로 만든다. 그는 링 안을 자기 세상으로 만들어서 경기에서 승리했지만 세상 전체를 링으로 만들어서 인생에서 패배한다.

패배한 라모타는 이제 무엇을 해야 하나? 한국의 챔피언들은 링을 떠난 뒤 요식업계의 사장님이 되거나 동네에 체육관을 열곤 하지만, 제이크 라모타는 다르다. 처참한 패배 이후 복싱계를 영원히 떠난 제이크 라모타는 배불뚝이 스탠딩 코미디언이 된다. 영화배우 로버트 드 니로는 제이크 라모타를 연기하기 위해 체중을 엄청나게 줄였다가 늘린 것으로 유명하다. 마틴 스코세이지는 왜 동일 인물에게 복서와 코미디언이라는 일견 상반된 역할을 맡긴 것일까?

복싱이라는 이름의 폭력에 진절머리가 난 나머지 이제 사람들을 좀 웃겨보고자 코미디언이 된 것일까? 삶에 지친 나머지 이제는 느긋하게 즐기고 싶어서 코미디언이 된 것일까? 그렇지 않다.

Martin Scorsese, Raging Bull, 1980. ©IMDB

주먹을 휘두르느냐 말을 휘두르느냐의 차이가 있을 뿐, 복싱과 코미디는 모두 자멸의 스펙터클이다. 다름 아닌 자기 자신을 두들겨 패서 남들에게 구경거리를 제공한다는 점에서 복싱과 코미디는 쌍둥이처럼 닮았다.

〈성난 황소〉에서 제이크 라모타의 진짜 적은 상대 복서가 아니다. 그는 평생 편집증과 불안으로 가득한 자기 성격과 싸워왔다. 결국 수감된 그는 한때 최강자들을 때려눕히던 그 돌주먹을 교도소 벽에다가 휘둘러댄다. 자기 주먹이 부서질 때까지. 그리고 "바보! 바보!"라고 회한으로 흐느낀다. 그가 끝내 이길 수 없었던 상대는 통제 불가능한 자기 자신이었다. 챔피언이 되었어도 끝내 행복할 수 없었던 제이크 라모타는 신기루 같은 아메리칸 드림을 상징한다.

아메리칸 드림이건 코리안 드림이건, 관제 성공담 따위로는 아무도 웃길 수 없다. 마침내 선진국의 꿈을 이루었다는 21세기 한국, 여전히 세상의 성공을 믿지 않는 코미디언들이 있다. 그들은 오늘도 자기만의 실패담을 가지고 옥상에 오른다. 실패했지만 뛰어내리지 않는 사람만이, 쓰러지지 않고 서 있는 사람만이 자신의 실패를 가지고 남을 웃길 수 있다. 모든 심오한 코미디는 '스탠딩' 코미디다.

새로운 사회계약을 찾아서

———

사 회 계 약

"서울은 모든 욕망의 집결지입니다. 아시겠습니까."《서울, 1964년 겨울》에서 김승옥이 이렇게 말한 지 반세기가 넘게 지났다. 2020년, 강남은 모든 욕망의 집결지다. 불태울 욕망이 남은 현대 한국인은 대개 그곳으로 가고 싶어 한다.

현대 한국은 폐허에서 시작했다. 1950년 한국전쟁 당시 미8군 사령관으로 부임한 매슈 리지웨이는 "인분 냄새만이 진동하는 이 나라에 내가 왜 왔는지 이해할 수가 없다"라고 말한 적이 있다. 지난 반세기 동안 한국은 인분 냄새를 참아가며, 모욕적 언사를 참아가며, 비약적으로 발전했다. 냉전의 전선을 앞에 둔 국가로서, 자본주의의 성공을 증명해야 하는 첨병으로서, 나락으로 떨어지지는 않겠다는 결기를 가진 국민으로서, 자본주의 대국의 하청국 노동자로서 독재 치하임에도 불구하고 혹은 독재 치하였기에 눈이 부셔 앞을 볼 수 없는 성장을 거듭했다. 그리하여 세계 경제 순위 12권의 경제 대국이 되었다.

그 경제 대국이 도달한 지점은 일종의 번 아웃(burn out) 상태다. 사람들은 지쳤고, 싫은 것은 도대체 더 할 수 없다. 현 지점에 오기까지 정말 말 그대로 미치거나 죽을 뻔했기 때문이다. 이제 종신고용을 거부하는 직장의 소모품으로 살다가 부실한 사회 안전망 속으로 버려지고 싶지 않다. 개처럼 일하며 인생을 살다가 사라진 전 세대처럼 되고 싶은 생각이 이제는 없다. 다수를 참고 견디게 했던 비약적인 경제성장이 더 이상 가능하지 않다. 산업화의 성장 동력은 고갈되어가고, 민주화의 정치적 상징 자원은 퇴색하고 있으며, 모든 권위는 빠르게 몰락 중이고, 그 몰락을 틈타 사이비 역사 서술이 창궐한다. 소수의 부자와 가난한 노인들이 불안하게 동거하는 소진된 사회가 목전에 있다.

아직 힘이 남은 사람은 나락으로 떨어지지 않기 위해 강남으로 간다. 그곳에는 지친 몸이 지대를 추구하며 누울 수 있는 마지막 기회가 있다. 옛 한양에서 과거시험이라는 한국인의 푸닥거리가 벌어졌듯이 강남에서는 대학 입시 준비라는 푸닥거리가 벌어진다. 강남에는 대학 입시에 최적화된 학교들이 모여 있기에 자신의 후손에게 사회적 자산을 대물림해줄 기회를 잡을 수 있다. 사람들은 모두 불평등하게 기울어진 운동장 위로 태어나지만, 산다는 것은 '삶을 당하는' 일이지만, 일시에 함께 치르는 대학 입시를 통해 사회적 삶은 공정성과 합리성이라는 신화를 얻는다. 이 욕망의 레이스에서 성공한 소수의 사람들은 자신의 계급을 유지하거나 상승하는 데 필수적인 자원을 얻는다. 이제 지대를 추구할 수 있다, 원하기만 한다면.

그중에 많은 이들이 선망하는 미국의 명문 대학에 자식들을 연이어 합격시킨 부모가 있다. 그들은 이제 강남의 아파트를 세놓고, 자랑스러운 자식과 함께 도미한다. 미국에 도착한 자식들은 꿈에도 그리던 미국의 명문 대학에서 학업을 시작하고, 부모들은 명문 대학에 자식을 보낼 수 있는 가정교육에 대해 강연을 하러 다닌다. 2년 뒤, 자식들이 부정행위로 적발된 끝에 기숙사에서 투신 자살할 때까지. 김승옥은 《서울, 1964년 겨울》에서 서울에서 방황하는 행인의 입을 빌려 물은 적이 있다. "우리가 거짓말을 하고 있었다고 생각하지 않으십니까?"

강남에서는 대학 입시에 이어 아파트 재건축이라는 푸닥거리가 벌어진다. 강남에는 시세 차익을 크게 남길 수 있는 오래된 아파트들이 남아 있기에 자신의 계급을 유지하거나 넘어설 수 있는 기회를 거머쥘 수 있다. 재건축만 성사되면, 그 차익을 이용해서 노후를 편하게 보낼 수도 있고, 아프면 시설이 좋은 병원에 입원할 수도 있고, 자식을 해외로 유학 보낼 수 있을지도 모른다.

재건축을 기다리는 강남의 어느 아파트 지하실 철문에는 "문

D U

CONTRACT SOCIAL;

O U,

P R I N C I P E S

D U

DROIT POLITIQUE.

Pᴀʀ J. J. R O U S S E A U,

CITOYEN DE GENEVE.

—— *fœderis æquas*
Dicamus leges.
Æneid. xɪ.

A AMSTERDAM,
Chez M A R C M I C H E L R E Y.
M D C C L X I I.

Title page, Jean-Jacques Rousseau's Social Contract, 1762.

을 꼭 닫아주세요. 모기 물려 아파요"라는 글귀가 붙어 있다(〈동아일보〉 2019년 12월 13일 기사). 지하실에는 오래 묵은 쓰레기가 악취를 풍기며 쌓여 있다. 그 묵은 쓰레기 위로 녹슨 배수관에서 떨어진 물이 고인다. 고인 물에 모기가 살고, 모기가 사는 지하실 위에 언제고 떠날 준비가 된 주민들이 산다. 마침내 시세 차익을 보고 떠나는 사람들은 이곳에 다시 돌아오리라 생각하지 않기에 지하실에 쓰레기를 무단으로 버린다. 남은 사람들도 자녀의 입시가 끝나면 떠날 아파트이기에 구태여 쓰레기를 치우지 않는다. 어차피 재건축될 아파트라고 생각하기에 집주인들도 거액의 쓰레기 수거 비용을 쓰려 들지 않는다. 집주인들 과반수 이상이 세를 주고 다른 곳에 살기에 정작 집주인 상당수는 쓰레기와 직면하지 않아도 된다. 그렇게 해서 쌓인 쓰레기가 총 2300톤. 그 쓰레기는 한국의 사회계약을 상징한다. 2300톤 무게의 사회계약. 떠나는 자는 쓰레기를 남기고, 남은 자는 자신의 차례가 올 때까지 쓰레기를 견디는 사회계약. 누군가 끝내 참지 못하는 순간까지 버티기로 되어 있는 사회계약.

SF 작가 어슐러 르 귄의 단편 〈오멜라스를 떠나며〉에도 지하실 이야기와 복지사회를 떠나는 사람들 이야기가 나온다. 오멜라스라는 이름의 복지사회는 "울려 퍼지는 즐거운 종소리가 도시를 휘감고 지나며 달콤한 음악이 되어" 들려오는 풍요로운 곳이었다. 그러나 그 복지사회의 지하실에는 한 명의 아이가 박약한 상태로

가두어져 고통을 받고 있다. 이 아이가 고통받는다는 조건 아래 오멜라스의 사람들은 풍요를 누릴 수 있다. 그것이 그들의 풍요와 복지를 지탱하는 사회계약이기에. 그 아이의 처지를 개선해준다면 나머지 사람들이 누리는 그 행복을 모두 반납해야 한다. 그래서 오멜라스의 사람들은 그 아이의 존재를 견딘다. 그 아이를 방치한 대가로 풍요로움을 누리는 것이 바로 오멜라스의 사회계약이기에.

대부분의 사람들은 애써 지하실에 있는 아이를 회피한다. 그러나 지하실의 아이를 직면하는 이들이 생겨난다. 그들은 고통받는 지하실 아이를 보고서 한동안 말없이 서 있다. 한참을 그렇게 서 있다가, 그 길로 오멜라스를 떠나버린다. 집에도 들르지 않고, 고개도 돌리지 않고, 이상한 지하실을 가진 복지사회를 떠나버린다. 혼자 떠나서 다시는 돌아오지 않는다. 이렇게 오멜라스를 견디지 못하고 떠난 사람들은 어떻게 되었을까? 다른 어딘가에 모여 새로운 사회계약을 만들고 오멜라스와 질적으로 다른 공동체를 건설하는 데 성공했을까? 〈오멜라스를 떠나며〉는 이에 대해 말하지 않는다.

현대 한국이라는 이름의 오멜라스에도 지하실에 쌓인 묵은 쓰레기를 직면하는 이들이 나타난다. 한국 사회의 지하실에 묶여 고통받는 이들을 직면하는 이들이 나타나기 시작한다. 그들은 자살을 통해 한국을 떠난다. 한국의 자살률은 경제협력개발기구

(OECD) 국가 가운데 1위권이다. 그들은 출산 거부를 통해 한국을 떠난다. 한국은 인구가 늘지 않아 OECD 국가 중에서 인구 감소 속도가 가장 빠르다. 자신이 속한 곳에 미래가 없다고 생각한 순간, 마치 이직을 결심하듯이 사람들은 떠난다. 이민을 하거나 자살을 하거나 아이를 낳지 않거나.

시인 신해욱의 표현을 빌리면, 이 사회에 태어나 살아간다는 것은 곧 수동태 문장으로 된 자서전을 쓰는 일이다, 수동태 문장으로 하루에 한 줄씩 삶을 "당하는" 일이다. "타성에 젖는 맹렬한 쾌락"에 사로잡히지 않고 능동태 문장으로 된 자서전을 쓸 때 새로운 공동체는 시작될 것이다. 그 새로운 공동체의 사회계약의 내용은 무엇인가? 이것이 21세기의 새로운 10년을 맞는 우리가 던져야 할 질문이다. 이 질문에는 벗어나고 싶은 현재가 주는 참담함이 있다. 우리가 건축한 현대는 부실 건물이었다. 허겁지겁 베껴온 제도들은 헛돌고 있다. 시민이 대거 출현하는 데 마침내 실패했다. 자신들이 추구할 공동선을 정교하게 정의하는 데 기어이 실패했다. 우리의 성취는 꼭 성취가 아니었다. 새로운 사회계약은 무엇인가. 미국의 SF 소설가 할런 엘리슨은 자신의 작품에 〈나는 입이 없다 그리고 나는 비명을 질러야 한다〉는 제목을 붙인 바 있다. 우리는 대답할 입이 없다. 그리고 우리는 질문해야 한다.

선진국의 환상을 넘어서

생 각 의 공 동 체

신종 코로나 바이러스 감염증(코로나 19)이 전 세계로 확산되었다. 소위 선진국들마저 쩔쩔매고 있는 데 비해 한국은 비교적 성공적으로 방역을 해나가는 중이다. 때마침 KBS는 코로나 이후 달라진 한국 사회의 인식을 조사한 결과를 발표했다. 그에 따르면, 응답자의 83.5퍼센트가 한국은 선진국이라고 대답했다(한국이 기존 선진국보다 더 우수하다고 본 응답자는 58퍼센트이고, 한국이 기존 선진국과 비슷하다고 본 응답자는 25.5퍼센트다). 불과 일 년 전만 해도 응답자의 57.4퍼센트가 한국은 희망 없는 '헬조선'이라고 간주한 것을 생각한다면, 실로 놀라운 수치다.

한국이 선진국이라는 주장은 이번에 처음 제기된 것이 아니다. 1996년 한국이 OECD에 가입했을 때, 정부의 공식 언론인 〈국정신문〉은 "우리나라의 OECD 가입은 절대빈곤에서 출발, 30여 년간의 피나는 노력을 통해 우리가 비로소 선진국들과 어깨를 나란히 하게 됐음을 세계로부터 인정받는 마지막 절차"라고 말한 바 있다. 선진국에 대한 강박관념이 느껴지는 이 같은 선언이 나온 지 25년. 마침내 일반 사람 대다수가 한국이 선진국이라고 생각하게 된 것이다.

선진국으로 탈바꿈하는 와중에도 한국은 꾸준히 자기 나름의 헬조선 역사를 썼다. 유엔 인권 부(副)고등판무관(Deputy High Commissioner) 출신인 한국의 외무부 장관은 2020년 5월 13일 독일 공영방송 도이체벨레의 한 대담 프로그램에 출연해서 한국의 코로나 19 대응을 열정적으로 홍보했다. 그런데 코로나 19 대처 과정에서 성 소수자에 대한 편견이 작동하는 것을 우려하는 대목에 이르러, 장관은 한국에는 "성 소수자의 권리에 대한 사회적 합의가 없다"고 말했다. 실로 한국 사회에는 성 소수자의 권리에 둔감하거나 적대적인 사람들이 아직 상당수 있을 것이다. 그러나 '촛불혁명'이 일어나기 전인 2016년 한국 정부는 제32차 유엔 인권이사회가 발의한 "성적 지향·성별 정체성에 근거한 폭력과 차별로부터의 보호" 결의안에 찬성한 바 있다. 그러니 외무부 장관이 2020년에 해외 언론에 대고 "사회가 받아들일 준비가 되어 있지 않은데 변화를 촉구하면 기존의 편견들을 오히려 악화시킬 수 있다"고 말하는 것은 한국이 인권에 관한 한 결코 선진국이 아님을 세계만방에 선언하는 것이나 다름없다.

　외무부 장관이 인권을 위한 사회적 변화에 유보적 태도를 보인 바로 그 5월 13일, 한국은 노동자의 권리와 노동조건에 대해서도 유보적인 나라임이 다시 한번 판명되었다. 삼척의 시멘트 공장에서 근무하던 하청업체 60대 노동자가 컨베이어 벨트에 머리가 끼어 죽은 것이다. 이것은 새삼스러운 사고가 아니다. 3월 12일에는 과로에 시달려온 40대 계약직 배송 노동자 김모 씨가 새벽 배송을 하던 중 숨졌고, 4월 29일에는 이천시 모가면의 건설 현장에서 물류창고 화재로 인해 노동자 38명이 죽는 참사가 일어났으며, 5월 21일에는 조선소에서 하청 노동자가 용접 작업을 하다가 질식해서 죽었고, 바로 그다음 날에는 목제품 제조업체에서 일하던 20대 노동자가 고무 분쇄기에 빨려 들어가 목숨을 잃었다. 2018년 12월 11일 김용균 씨가 발전소 석탄 이송 컨베이어 벨트에 끼어 목이 잘린 채 즉사한 이래로 상황은 근본적으로 변하지 않았다. 물론 근로조건의 기준은 인간의 존엄성을 보장해야 한다고 대한민국 헌법 제32조는 명시하고 있다. 그러나 해마다 노동자 2400여 명이 노동 현장에서 산업재해로 이처럼 죽어 나간다면, 이는 한국은 결코 선진국이 아니라고 고함치고 있는 거나 다름없다.

　그래도 이 나라가 기어이 선진국이라고 자처하는 건, 잘생기지 않은 얼굴을 기념하기 위해 청동 흉상을 만드는 일 같은 게 아닐까. 기존의 선진국이 명실상부한 선진국이 아니라고 판명되었기에 자신이 느닷없이 선진국이 되는 기분은 어떤 것일까. 살을 빼지 못했는데도 남들이 살이 찌는 바람에 다이어트의 달인이 되는 기분일까. 다른 사람이 모두 '빤스'를 내렸기에 자기만 갑자기 세계 최정상의 패션모델이 되는 기분일까.

중년이 되고서야 깨닫는다. 중년의 위기가 찾아온 것이 아니라 인생은 늘 위기였는데 그저 중년이 찾아왔을 뿐이라는 걸. 허울 좋은 선진국이 되고서야 깨닫는다. 사회는 아직 문제로 신음하고 있는데, 선진국이 갑자기 찾아왔을 뿐이라는 걸. "절대빈곤에서 출발, 30여 년간의 피나는 노력을 통해 선진국들과 어깨를 나란히 하게" 된 나라가 어떻게 헬조선이 아닐 수 있겠는가. 불과 100여 년의 시간 동안에 왕조 국가에서 공화국으로 탈바꿈하고, 자신들이 무시해온 이웃 나라에게 강점당하는 식민지 체험을 겪고, 동족의 배때기에 죽창을 쑤시는 상잔의 전쟁을 거쳐, 끼니를 걱정하는 빈국에서 국내총생산(GDP) 규모 세계 12위권의 부국으로 도약하는 파란만장한 현대사를 쓴 나라가, 자기 자신에 대한 애증으로 가득한 이 나라가 어떻게 '헬'이 아닐 수 있겠는가. 한국은 지옥불에도 무너지지 않은 그을린 가옥이며, 한국인은 지옥불을 견디고 기어이 살아남은 사람들이다.

지옥에서 살아 돌아온 사람들이 바이러스 방역에 성공하는 것은 놀랍지 않다. 한국이 방역에 상대적으로 성공한 것은 선진국이

어서가 아니라 헬조선이기 때문이다. 순식간에 인적, 물적 자원을 갈아 넣을 수 있는 곳. 원하면 통신사 기지국을 통해 시민의 동선을 샅샅이 복구할 수 있는 곳. 와불(臥佛)처럼 달관하는 대신, 보란 듯이 살아남고야 말겠다는 결기를 가지고 너나 할 것 없이 추노꾼처럼 전력 질주하는 곳. 이곳에 안온한 선진국형 게으름과 권태가 들어설 자리는 없다. '헬까페'에 독한 위스키와 커피가 넘치듯이, 헬조선에는 독한 역동성이 넘친다. 사람들은 여전히 밥을 사냥하듯이 먹고, 자신이 굴릴 돌을 앞장서 고르는 시시포스의 심정으로 직장을 고른다. 각자도생에 분투하는 동안 삶은 빨리 지나가고, 영혼은 간헐적으로나 존재한다.

역병에 이어 도래할 경제 위기에, 시시포스는 노역에서 해방, 아니 해고될 것이 두렵다. 비참하게 죽기 싫어하는 그 두려움을 연료 삼아 예언자들이 설치기 시작한다. 역병을 예측하지 못했던 지식인들이 매스컴에 나와 역병 이후의 미래를 예측하기 시작한다. 마치 '노멀'이 존재했던 양 이제 '뉴노멀'을 말하기 시작한다. 정치인은 구원을 약속하고, 정치의 팬덤화는 가속화되고, 지난 100년 동안 지속된 한국 공론장의 굿판적 성격은 변함이 없다. 생각의 폐허를 가득 채운 구호와 비난과 불안과 억울함과 집단 흥분 속에서 소종파 종교들은 번성한다. 탁지원 국제종교문제연구소장에 따르면, 한국에는 현재 자신을 하느님이라고 주장하는 종교 지도자만 20여 명, 재림예수를 자처하는 이도 50명이 넘는다.

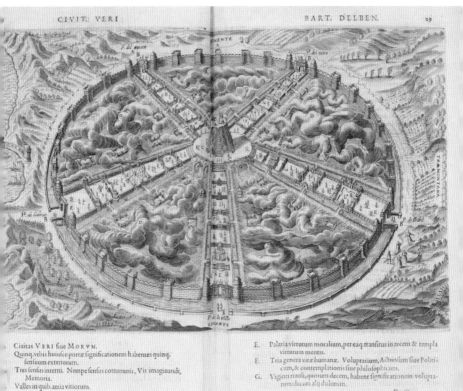

Ciuitas VERI siue MORVM.
Quinq. vrbis huiusce portæ significationem habentes quinq.
   sensuum exteriorum.
Tres sensus interni. Nempe sensus communis, Vis imaginandi,
   Memoria.
Valles in quib. atria vitiorum.

E.   Palatia virtutum moralium, per eaq. transitus in arcem & templa
     virtutum mentis.
F.   Tria genera vitæ humanæ. Voluptarium, Actuosum siue Politi-
     cum, & contemplationis siue philosophicum.
G. Viginti riuuli, quorum decem, habent significationem volupta-
     rum:decem alij dolorum.

D iij

Unknown, Illustrations for The City of Truth, or, Ethics(Bartolomeo Del Bene's poetic
reworking of Aristotle's Nichomachean Ethics), 1609.

예언가들이 횡행하는 이곳에서 제정신을 유지하려면, 선진국에 대한 환상에 쉽게 의탁하거나, 자신을 연민하는 정신적인 울보가 되거나, 달콤한 힐링을 섣불리 찾지 않는 것이 좋다. 솜사탕으로 이루어진 사회 안전망과 흔적기관 같은 인권 의식을 가지고 선진국 행세를 하는 이곳에서 살아남으려면 지당하기만 한 도덕적 담론을 넘어서는 강철 같은 생각이 필요하다. 잘 다져진 절망과 희망을 안고 강철로 이루어진 생각의 징검다리를 밟으며 죽을 때까지 의연하게 걸어가야 한다.

　　그와 같은 길을 앞서 걸어갔던 미국의 의학자이자 작가인 올리버 색스는 죽음을 앞두고 〈나의 삶〉이라는 글을 썼다. 그 글에서 그는 담담히 회고한다. 자신은 맹렬하고 폭발적이고 극단적인, 불같은 열정의 인간이었다고. 즉 그의 삶은 헬조선과 같았다고. 열정을 가지고 지옥을 통과한 그가 내린 인생의 결론은 다음과 같다. "지각 있는 존재(sentient being)이자 생각하는 동물(thinking animal)로서 이 아름다운 행성에 살 수 있었다는 것이야말로 대단한 특권(privilege)이며 모험(adventure)이었다." 실로, 생각은 침잠이 아니라 모험이며, 그것이야말로 저열함에서 도약할 수 있는 인간의 특권이다. 타인의 수단으로 동원되기를 거부하고, 자극에 단순히 반응하는 일을 넘어, 타성에 젖지 않은 채, 생각의 모험에 기꺼이 뛰어드는 사람들이 만드는 터전이 바로 생각의 공화국이다.

인간은 정치적 동물이라는데

인간은 정치적 동물이라는데, 어쩐지 나는 인간이 아닌 것 같다. 인간은 정치 공동체 속에서 자아실현을 한다는데, 나는 따뜻한 이불 속에서 자기실현을 하고 싶다. 투표장에 갈 때보다는 달콤한 디저트를 먹을 때, 스탠딩 코미디 대본을 쓸 때 비로소 없던 자아도 생겨나서 막 실현되는 것 같다.

열광하는 정치인도 없다. 매년 연말이면 기부금을 보내고 싶은 정치인을 찾는 데 애를 먹는다. 그저 좋은 이야기, 도덕적인 이야기만 한다고 좋은 정치인이 되는 거라면 진작 좋아하는 정치인이 생겼을 것이다. 권력을 쥐는 능력만 뛰어나다고 좋은 정치인이 되는 거라면 진작 지지하는 정치인이 생겼을 것이다.

특정 정치인에 대해 열광하는 마음은 식고 그에 대해 생각해보려는 마음이 뜨거워지기를. 천천히 침구를 정리하고 투표장으로 걸어가기를. 다음번 대통령이 누가 될지 궁금해서 역술원을 찾기보다는 서점이나 도서관을 찾아가기를. 책을 열정적으로 읽은 나머지 당이 떨어져 결국 디저트 가게에 들르게 되기를.

초고를 읽고 거침없는 조언을 해준 폴리나, 정성스럽게 책을 만들어 독자들과 생각을 나눌 수 있게 해준 강태영 편집자를 비롯한 어크로스 여러분께 감사드린다.

2021년 가을 김영민

그림목록

1498. Metropolitan Museum of Art, New York, USA.

p.197 Pieter van der Borcht, Allegorie op de moeilijkheid van het besturen, 1578. Rijksmuseum, Amsterdam, Netherlands.

p.200 Louis-Léopold Boilly, Two Young Women Kissing, circa 1790 – 1794. The Ramsbury Manor Foundation, London, England, United Kingdom.

p.205 이불, 수난유감 – 내가 이 세상에 소풍 나온 강아지 새끼인 줄 아느냐?, 1990. 작가 제공

p.213 Titian, Sisyphus, circa 1548-1549. Museo del Prado, Madrid, Spain.

p.217 ⓒ김영민

p.221 Giorgione, Sleeping Venus, circa 1508-1510. Dresden State Art Museums, Dresden, Germany.

p.221 Edouard Manet, Olympia, 1863. Musée d'Orsay, Paris, France.

p.223 Félix Vallotton, The White and the Black, 1913. Kunstmuseum Bern, Bern, Switzerland.

p.228 Unknown(Antwerp), A Portrait of Pierre de Moucheron his Wife Isabeau de Gerbier, their eighteen Children, their Son-in-Law Allard de la Dale and their first Grandchild, 1563. Rijksmuseum, Amsterdam, Netherlands.

p.235 Antonio Zanchi, The Virgin Appears to the Plague Victims, 1666. Scuola Grande di San Rocco, Venice, Italy.

p.242 Unknown, Natural history museu of Ole Worm, Museum Wormiani Historia, 1655. Wellcome Trust, London, England, United Kingdom.

p.247 Félix Vallotton, L'averse – Paris intense (The Rain), 1894. The Courtauld, London, England, United Kingdom.

p.248 Hanabusa Itchō, Taking Shelter from the Rain, after 1709. Metropolitan Museum of Art, New York, USA.

5부

p.257 Aegidius Sadeler II, Wisdom Conquers Ignorance, 1600. Metropolitan Museum of Art, New York, USA.

p.264 Lou Strik, Sokkels met handen, een hoofd en maskers, 1962. Rijksmuseum, Amsterdam, Netherlands. ⓒerven Lou Strik

p.269 Florian Henckel von Donnersmarck, Das Leben der Anderen, 2006. Bayerischer Rundfunk, Munich, Germany.

p.275 Hans Weigel, A flyer, 1573. British Museum, London, England, United Kingdom.

p.281 동북아구술문화연구회의 스탠딩 코미디 공연 포스터 ⓒ김영민

p.283 Martin Scorsese, Raging Bull, 1980. United Artists, California, United States. ⓒIMDB

p.283 Martin Scorsese, Raging Bull, 1980. United Artists, California, United States. ⓒIMDB

p.288 Title page, Jean-Jacques Rousseau's Social Contract, 1762.

p.297 Unknown, Illustrations for The City of Truth, or, Ethics(Bartolomeo Del Bene's poetic reworking of Aristotle's Nichomachean Ethics), 1609.

인간으로 사는 일은 하나의 문제입니다

초판 1쇄 발행 2021년 11월 10일
초판 3쇄 발행 2021년 12월 1일

지은이 | 김영민
발행인 | 김형보
편집 | 최윤경, 강태영, 이경란, 양다은, 임재희
마케팅 | 이연실, 김사룡, 이하영
디자인 | 송은비
경영지원 | 최윤영

발행처 | 어크로스출판그룹(주)
출판신고 | 2018년 12월 20일 제2018-000339호
주소 | 서울시 마포구 양화로 10길 50 마이빌딩 3층
전화 | 070-5080-4113(편집) 070-8724-5877(영업) 팩스 | 02-6085-7676
e-mail | across@acrossbook.com

ⓒ 김영민 2021

ISBN 979-11-6774-017-5 03300

만든 사람들
편집 | 강태영
교정교열 | 윤정숙
표지디자인 | 양진규
본문디자인 | 송은비
조판 | 성인기획